Breve historia de
Atila y los hunos

Breve historia de
Atila y los hunos

Ana Martos

nowtilus

Colección: Breve Historia
www.brevehistoria.com

Título: *Breve historia de Atila y los hunos*
Autor: © Ana Martos Rubio

Copyright de la presente edición: © 2024 Ediciones Nowtilus, S. L.
Camino de los Vinateros 40, local 90, 28030 Madrid
www.nowtilus.com

Elaboración de textos: Santos Rodríguez

Diseño y realización de cubierta: ExGaudia, Asociación Cultural

Imagen de portada: *La fiesta de Atila*, pintura realizada en 1870 por el pintor húngaro Mór Than

ISBN edición bajo demanda: 978-84-1305-456-8
Fecha de edición: Mayo 2024

Índice

Introducción

No sabemos gran cosa sobre el origen de los hunos, un pueblo asiático que asoló y aterró durante mucho tiempo al mundo civilizado. Los autores no se han puesto de acuerdo acerca de su procedencia étnica, ya que algunos los consideran mongoles y, otros, turcos. Muchos historiadores los suponen descendientes de los xiongnu, una confederación de pueblos procedente de los montes Altai, que creó uno de los llamados imperios de las estepas en el siglo III a. C. y que, tras largo tiempo de espera, de asedio y de ataques, consiguió dominar la China de los Han.

Algunos historiadores están de acuerdo en que los hunos eran xiongnu oriundos del norte de Siberia, de raza mongoloide y lengua altaica. En una época difícil de determinar, descendieron hacia el sur abandonando la civilización del reno por la del caballo y cambiando el bosque por la estepa.

Tampoco se han puesto de acuerdo los historiadores sobre el salvajismo y barbarie de los hunos. Para algunos, como Amiano Marcelino, eran salvajes antes de abalanzarse sobre el mundo civilizado, superaban en barbarie cuanto se pueda imaginar, vivían como animales y se alimentaban de carne cruda (las gentes llegaron a creer que comían carne humana). «Preguntad a esos hombres de dónde vienen y dónde han nacido», invita el historiador romano, «lo ignoran».

Pero para otros, los hunos no eran tan salvajes, sino que limitan esa conocida imagen de hordas a caballo y de ciudades saqueadas a las épocas de guerra o de grandes migraciones. El retrato que hizo Prisco de Atila y su gente no se parece en nada al de Amiano Marcelino. La corte de Atila contó con intelectuales romanos y, para el propio caudillo, no hubo mayor deseo en el mundo que llegar a ser ciudadano de Roma y lucir insignias, cosa que nunca consiguió. Las descripciones de un historiador romano de origen godo, Jordanes, son sin embargo similares a las de Amiano Marcelino y no a las de Prisco. Parece que Jordanes utilizó a Marcelino como fuente directa, ya que él no vivió la invasión huna.

La mayor parte del conocimiento que tenemos de los hunos nos ha llegado en los escritos

Roma se impuso durante siglos a los bárbaros que rodeaban sus fronteras, sometiéndolos y maravillándolos con su poder y su civilización. *Vercingetórix se rinde a Julio César*, de Lionel-Noël Royer (siglo xix), Museo Crozatier, Le Puy-en-Velay, Francia.

de historiadores griegos y romanos, sobre todo, en las crónicas de Prisco de Panio, el embajador que el emperador Teodosio II envió a la corte de Atila, acompañando al embajador Maximino, donde vivió algún tiempo observando y escribiendo sobre las costumbres, los actos y hasta la vestimenta de los hunos del siglo v. Sabemos que el último emperador romano de Occidente, Rómulo Augusto, fue hijo de uno de los secretarios de Atila, el poeta romano Orestes.

Pero la historia de Atila no es la historia de los hunos. Atila fue el más célebre, el más conocido en Europa, pero no fue el único, aunque sí el último de ellos, porque, tras la muerte de su caudillo, aquel que hacía desaparecer la hierba bajo los cascos de su caballo, el Imperio huno se derrumbó, su poder, su ferocidad y su fama se apagaron y su pueblo se disgregó hasta difuminarse en el tiempo y en la historia.

Pastores, nómadas, cazadores de historia incierta, terror apocalíptico para los pueblos establecidos pacíficamente junto a las fronteras de Roma, lo cierto es que fueron los hunos los responsables si no de la caída del Imperio romano, sí de su desaparición bajo las invasiones bárbaras, porque fueron ellos los que empujaron a los godos y los aterrorizaron hasta hacerlos caer sobre el Imperio y derribar el muro de respeto, temor y admiración que venía separando a los pueblos sin civilizar de la civilización.

Y, como responsables de la gran migración de pueblos que se volcaron sobre el Imperio romano, participaron también en la fundación de Europa, porque aquella migración que terminó con el Imperio romano de Occidente acabó por establecerse y fundar las naciones que hoy conocemos. El escritor italiano Cesare Balbo señala la caída del Imperio como el momento en que Italia se independizó de Roma.

1

En las estepas del Asia Central

Es inmensa la llanura que se extiende entre el Don y Mongolia, en las terribles estepas del Asia Central. Un paisaje monótono e infinito cuya apariencia sugiere desolación y barbarie, pero de cuya llanura ondulante de hierba y grano surgieron los tres imperios de las estepas: los xiongnu, los turcos y los mongoles. De allí procedió también el pueblo que hizo temblar al mundo civilizado: los hunos.

En las interminables estepas, el invierno es tan frío que la vida se detiene y todo se paraliza, mientras que la sequía estival es tan prolongada que en algunos puntos roe la estepa herbosa creando desiertos como el de Gobi.

Los civilizados griegos y romanos llamaron bárbaros a los pueblos extranjeros cuyas costumbres y lengua les resultaban extrañas. Uno de los signos de salvajismo e incultura de los bárbaros fue el papel relevante que desempeñaron sus mujeres.
La muerte de Hervor, de Peter Nicolai Arbo (siglo xix), Museo Drammens, Noruega.

Sin embargo, desde la Prehistoria hubo nómadas indoeuropeos trashumantes que recorrieron esas tierras apacentando sus ganados sin detenerse. Y surgieron pueblos que fundamentaron su cultura en el movimiento, en la búsqueda periódica de pastos para sus animales, pueblos que se alimentaron de carne de caballo y bebieron leche de yegua. Pueblos a los que los historiadores griegos y romanos despreciaron, denominándolos bárbaros y considerándolos salvajes porque tenían costumbres para ellos extrañas. Los pueblos agrícolas, sedentarios, siempre han temido a los nómadas, a los que no tienen patria ni asentamiento fijo, porque

LA CONDICIÓN DE LA MUJER EN LAS SOCIEDADES BÁRBARAS

La inferioridad y la sumisión de la mujer se consolidó probablemente con la civilización occidental, puesto que los civilizados griegos y romanos consideraban un signo de salvajismo e incultura el que algunos pueblos bárbaros, como los escitas, los etíopes o los britanos, otorgaran a sus mujeres un papel sobresaliente en la sociedad y admitieran caudillos militares e incluso gobernantes del sexo femenino. Heródoto relató la existencia de pueblos de mujeres guerreras que vivían en el Cáucaso o junto al mar Negro, las amazonas, que vivían a caballo, luchaban con denuedo y se comportaban como se supone que debían comportarse los hombres. Varios arqueólogos, entre ellos, Neal Ascherson, han dado la razón al historiador griego al encontrar numerosos vestigios de civilizaciones que florecieron junto al mar Negro y el mar de Azov, en las que las mujeres acaudillaban y gobernaban las tribus, acompañaban a sus maridos a cazar y recibían los mismos honores guerreros que los hombres. Se han hallado tumbas de mujeres guerreras rodeadas de todos sus pertrechos de guerra y de caza, incluso con esqueletos de hombres enterrados a sus pies. En cuanto al civilizado Egipto, las mujeres gozaron casi siempre de igualdad jurídica y social con los hombres. La trinidad egipcia incluía a una diosa, Isis.

llegan con sus ganados y arrasan la tierra que ellos cultivan. Destruyen y se van a destruir a otro lado, a cualquier lugar en el que encuentren nuevos pastos para sus animales. Por eso, un día el agricultor mataría al pastor para acabar con la amenaza del nomadismo, al menos eso es lo que pudiera reflejar el mito de Caín y Abel. Pero no debieron ser tan bárbaros, porque mover muchedumbres y grandes masas de ganado de un lugar a otro supone el desarrollo de cierta tecnología, de cierta capacidad de caudillaje y de cierto dominio sobre el medio.

No eran tan salvajes porque hace más de cinco mil años que dieron un paso adelante en las comunicaciones, en los transportes y en el arte de la gue–rra: domesticaron al caballo, primero, como ganado de carne, seleccionando ejemplares para su cría, después, como animal de tracción y, más tarde, como montura.

La vida a caballo

Los pueblos de las estepas del Asia Central vivían a caballo, desplazándose en carromatos o cabalgando tras la caza en la paz o tras el enemigo en la guerra. Así vivieron los hunos y así vivieron los mongoles, los turcos, los escitas, los sármatas y muchos otros.

Pero antes de convertirlo en uno de los primeros animales domésticos, muchos pueblos germanos consideraron sagrado al caballo y lo adornaron con valores místicos. Son numerosas las pinturas del Paleolítico que representan

EL CABALLO DOMESTICADO

La revista *Science* publicó en marzo de 2009 la noticia de que el hombre domesticó al caballo en Asia Central hace 5.500 años, 2.000 años antes que en Europa, según nuevas pruebas halladas por un equipo internacional de arqueólogos en el norte de Kazajistán. El descubrimiento se debió a la presencia de fósforo en el suelo analizado dentro de lo que parecen ser vestigios de corrales para caballos junto a 54 chozas, en el yacimiento arqueológico de Krasnyi Yar, habitado por un pueblo de la cultura Botai.

El caballo aparece en el Paleolítico en pinturas rupestres, como animal apreciado y a veces sagrado, siendo su carne uno de los alimentos más importantes. También fue uno de los primeros animales domesticados. En el período diluvial abundaban en Europa caballos salvajes de pequeño tamaño, pero en la Edad del Bronce aparecen ya bocados y frenos. Los egipcios los debieron traer de Asia Menor y los utilizaron en la guerra, según pinturas de la 18 dinastía en las que el caballo aparece no como montura sino para tracción de carros guerreros.

caballos, incluso en un lugar privilegiado de la gruta que sugiere adoración, como el Camarín de la cueva de San Román de Candamo, en Asturias. Siglos después de convertirse al cristianismo, los francos continuaron celebrando su particular eucaristía a base de caldo de

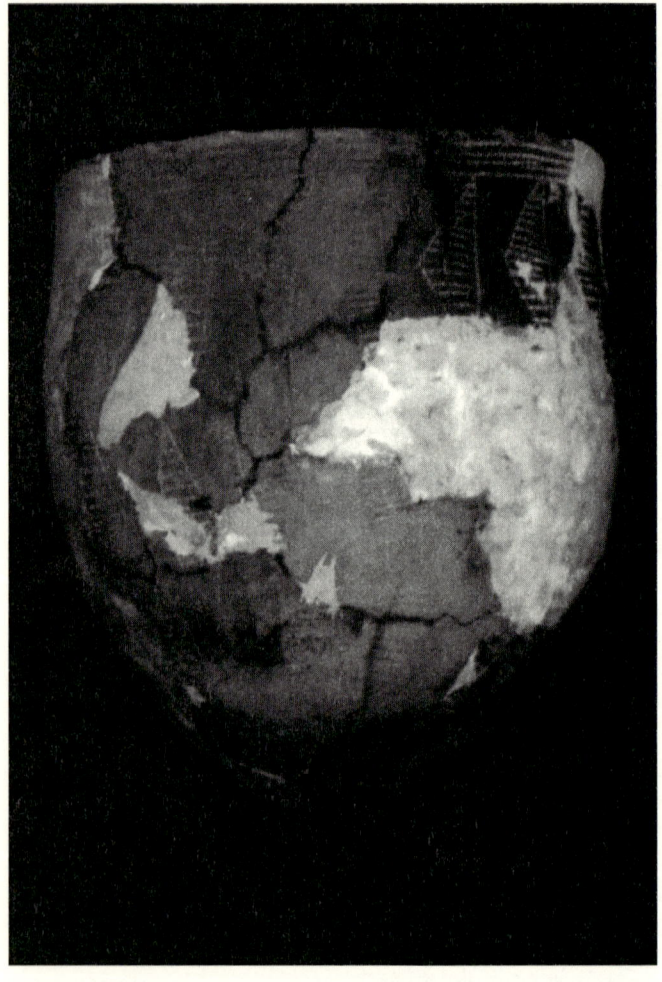

En vasijas de cerámica de la cultura Botai, al norte de Kazajistán, se han encontrado restos de grasa procedentes de leche de yegua, en un yacimiento arqueológico datado en 5.500 años.

caballo; los chinos montaron a caballo desde 2155 a. C.; fue un animal muy importante para los escitas y los partos, que invadieron el mar Negro, y también para los kirguises y los ávaros, cuya tradición les hacía descender de un dios emparejado con una yegua.

La cultura Botai, que se desarrolló en las estepas de Kazajistán hace entre 5.700 y 5.100 años, utilizó caballos como medio de transporte y también para obtener leche. Lo sabemos por el análisis de vasijas de cerámica encontradas en el yacimiento de Krasnyi Yar que conservan restos de grasa procedentes de leche de yegua.

¿ERAN TURCOS O MONGOLES?

En el siglo II a. C. que es cuando aparecieron dos pueblos con rasgos mongoles junto a la frontera china, las lenguas turcas y mongolas no estaban todavía diferenciadas y, por eso, unos autores tienen a los hunos por mongoles y, otros, por turcos.

Siglos atrás, grupos de tártaros, manchúes y rusos se habían establecido al sur de los bosques de Siberia, en una franja de praderas y estepas de gramíneas que se mantienen verdes todo el año. La fertilidad del terreno los convirtió en sedentarios dedicados a la agricultura.

Pero otros pueblos, turcos y mongoles, se situaron más al sur, en tierras de clima continental, donde escasean las lluvias, sopla un viento implacable y la vegetación es un paraíso para animales herbívoros. Turcos, mongoles y tibetanos se repartieron el enorme espacio árido que abarca el norte del Tíbet, la cuenca del río Tarim y Mongolia, entre verdaderos desiertos de arena y áridas llanuras junto al mar de Aral y el mar Caspio. La dureza del clima y los cambios estacionales del terreno los condenaron al nomadismo.

Los orígenes prehistóricos de ambos grupos parecen hallarse al sur de la zona boscosa siberiana, donde se encontraron numerosos sepulcros pertenecientes a varias fases cronológicas que abarcan desde el inicio de la Edad del Bronce hasta el siglo XIII.

Ambos pueblos presentaban rasgos mongólicos, más acentuados en el grupo más oriental y menos en las zonas del Turquestán, desde el Caspio a la frontera china, donde parece que predominaron los grupos de procedencia turca.

Los chinos los rechazaron y persiguieron hasta el mar Caspio, donde se dividieron en dos grandes ramas. Los hunos blancos, llamados también heftalíes por los historiadores bizantinos (los indios los llamaron hunas, que es el vocablo sánscrito equivalente), conquistaron la India ya en el siglo V de nuestra era. En cuanto a los llamados hunos negros, se mezclaron con germanos, eslavos y fineses y se lanzaron, con Rugila a la cabeza, a conquistar Europa.

Las primeras tribus de la estepa oriental eran, por tanto, turco-mongolas. Al occidente del actual Kazajistán, donde se domesticaron los primeros caballos, se destacó un pueblo de lengua altaica, procedente de las regiones del Altai, al que los chinos llamaron xiongnu y

Los montes Altai, de donde procedían los xiongnu,
posibles antecesores de los hunos.

que, en el siglo III a. C., creó un imperio en la estepa que se extendió hasta el Cáucaso[1].

Siglos atrás, los xiongnu habían arrancado la hegemonía a aquellos nómadas indoeuropeos que vimos recorriendo las estepas del Asia Central. Los xiongnu eran paleoasiáticos y hablaban una lengua afín al ostiaco que en nuestros días se emplea en la cuenca del Yeniséi, en Siberia.

Sin embargo, los xiongnu no eran una única tribu o grupo étnico, sino una federación de grupos de diferente procedencia. Cuenta el

[1] El concepto de imperio se podría discutir. Si se acepta que procede del latín *imperium*, su significado es dominio o autoridad absoluta. Karen Farrington señala que las ciencias políticas del siglo XX lo definieron como un modelo de estado que coloniza a otros para su beneficio económico y para su administración política y cultural.

¿Eran xiongnu los hunos?

Los estudiosos e historiadores no acaban de ponerse de acuerdo respecto a la relación entre los xiongnu y los hunos. Parece que el primero en relacionarlos fue el historiador francés de Guignes, en el siglo xviii, pero todavía sigue siendo motivo de controversia. Varios autores de la *Wikipedia* señalan que las pruebas de ADN de restos de hunos no han sido decisivas a la hora de determinar el origen de este pueblo, pero que, atendiendo a la escritura y a la pronunciación del carácter chino que se ha transliterado como xiong, se podría deducir que o bien los hunos fueron descendientes de los xiongnu occidentales que emigraron hacia el oeste, o bien tomaron prestado el nombre de los xiongnu occidentales, o los xiongnu formaron parte de la confederación huna.

Para otros autores, como Karen Farrington, los hunos descienden de las tribus nómadas que los xiongnu, de habla turca, llevaron de las estepas a Occidente. No hubo una sola tribu de hunos, sino dos. Los hunos negros, los de Atila, y los hunos blancos, que se dirigieron más a Persia y a la India.

historiador francés Jacques Pirenne que, hacia el siglo i, estas tribus se desmembraron y se dispersaron por la estepa donde los clanes turco-mongoles los dominaron, pasando algunos a servir a los emperadores chinos. Procedieran de donde procedieran, las tribus confederadas de los xiongnu tenían en común el género de vida. Eran pastores que seguían a sus rebaños de caballos,

Este tapiz asiático representa el tratado de amistad establecido entre el emperador Wen y los xiongnu en el siglo II a. C.

bueyes, carneros y camellos en sus desplazamientos, ya que de ellos obtenían todos los recursos para vivir. Carne para comer, que era su dieta exclusiva, leche para beber y pieles para vestir. Vivían a caballo y aparecían de pronto en las lindes de los cultivos para capturar hombres, ganados y riquezas. Si los perseguían, huían acribillando a sus seguidores con nubes de flechas y cortaban la cabeza de los enemigos muertos para convertirlas en trofeos. Su cultura nos dejó cinturones, hebillas y arneses de los caballos, así como tallas de bronce con formas estilizadas de animales, caballos, corzos, osos y tigres, enredados en furiosos combates. Su arte muestra la geometría elemental propia de las estepas.

Ellos fueron quienes condujeron a las tribus de las estepas hacia Occidente y de ellos descenderían, más tarde y muy probablemente, los hunos.

LOS PUEBLOS EN MOVIMIENTO

La causa de las migraciones de los pueblos que formaron Europa ha sido con frecuencia objeto de debate, dado que no hay fuentes escritas, porque sus gentes conocieron solamente la escritura al entrar en contacto con los romanos. Sin duda llegaron a Europa atraídos por las riquezas de Roma o empujados por oleadas de pueblos asiáticos.

Se pusieron en movimiento porque en muchas regiones del mundo bullían otros pueblos en agitación constante. Unos empujaron a los otros, que se agitaron a su vez empujando a los siguientes. Así, la agitación, el movimiento y la expansión poblaron Occidente de pueblos orientales, llegados desde los confines del mundo hasta invadir y devorar el Imperio romano.

Las primeras migraciones hacia Occidente partieron de Asia Central. Eran tribus de pastores que buscaban algo mejor que los pastizales arrasados por sus ganados y unos cambios climáticos extremos. Por ello, emprendieron un día la marcha con sus rebaños y sus tiendas de fieltro, camino de las cuencas de los ríos siberianos, Obi, Yeniséi e Irtix. Eran los turcos. En el siglo v estaban ya estableciendo relaciones diplomáticas con Bizancio, acomodados (de momento) al norte de Persia. En el siglo XVI, habían llegado hasta Viena y creado el Imperio otomano, pero antes se encargaron de acabar con el Imperio romano de Oriente. Hoy llamamos Turquía a Asia Menor y llamamos Estambul a lo que antes fue Constantinopla.

Otros pueblos procedentes de Manchuria y Mongolia llegaron al sur del lago Baikal, dispersando a cuantos encontraban en su camino. Eran los ávaros. En su migración, empujaron hacia el oeste a grandes tribus de pastores que cuidaban sus rebaños en Siberia y que, espoleados y atacados, se convirtieron en feroces guerreros tan amenazadores que Europa tembló ante ellos. Eran los hunos. En el siglo V estaban ya junto al Danubio.

Pero los hunos y los ávaros no tenían el camino libre hacia Occidente, sino que tropezaron con otros pueblos indoeuropeos acampados en el Cáucaso no en tiendas, sino en carros colocados en forma de círculo, que bebían leche agria y se tocaban con cascos de forma cónica. Eran los alanos.

Otros pueblos descendieron desde las heladas rocas del norte para asentarse en el bajo Danubio. No eran nómadas, sino agricultores, pero se vieron empujados en el siglo IV por los pueblos que se agitaban en Oriente y que los obligaron a viajar hacia Occidente. Eran los godos. No eran viajeros que vivieran en campamentos, sino aldeanos acostumbrados a vivir de forma ordenada. Por eso, lo que querían no era conquistar ni invadir, sino dejarse absorber por Roma y formar parte del Imperio.

Antes que ellos lo habían hecho los celtas, que habían pasado de la Galia a las islas Británicas y, en el siglo vi se habían instalado en la península Ibérica. Antes habían fundado ciudades en el norte de Italia y habían terminado con el Imperio etrusco.

Otros pueblos celtas se abatieron sobre Europa, huyendo de los agitadores de Oriente. Eran los belgas. Los germanos los empujaron hasta el otro lado del Rin. Otros se instalaron junto al Mosela y el Escalda y otros partieron para Inglaterra.

Después llegaron otros germanos. Llegaron en oleadas, enfrentándose a Roma que los venció en el siglo ii. Tras ellos, llegaron los eslavos que quedaron contenidos al otro lado del limes romano. Del limes y de las legiones. Poco a poco, algunas tribus germanas se incorporaron al Imperio romano luchando en sus filas como mercenarios.

Más al norte, los hunos empujaron también a los suevos, los vándalos y los alanos quienes, a su vez, empujaron a los alamanes y rodearon a los francos que por entonces ocupaban el norte de Galia. Los suevos llegaron a Hispania, los vándalos al norte de África y los alanos se diseminaron por el Imperio. Los visigodos fundaron un reino en Hispania. Los burgundios llegaron al Imperio detrás de los alanos, asentándose en la orilla del Rin y llegando a constituir un estado que se extendió hasta el Mediterráneo: Borgoña.

En el siglo ix vendrían de Escandinavia nuevas tribus germanas a hostigar a los pueblos

Galería de vistas de la Roma antigua, de Giovani Paolo Panini
(siglos XVII-XVIII), Museo del Louvre, París.

asentados: los vikingos. Antes que ellos, los
pueblos árabes harían también su aparición en
Europa. Los árabes quedarían confinados por
algún tiempo en Hispania y los vikingos, llamados normandos por proceder del norte, llegarían un día a integrarse en el Imperio romano,
asentándose en la franja francesa que se llamó
Normandía.

Y ORIENTE SE ARROJÓ SOBRE OCCIDENTE

En Asia, parece como si la estepa pudiera generar nuevas fuerzas bárbaras que resurgieran
constantemente dispuestas a asaltar imperios.
Los territorios que ocupaban en las estepas eran

29

Las inmensas extensiones de Asia Central fueron el origen de las tribus nómadas salvajes que se abalanzaron sobre Occidente durante más de mil años. Imagen del desierto de Gobi.

inmensos, porque necesitaban mucho terreno para sus ganados trashumantes, pero cuando mejoró su nivel de vida, además de la rapiña para conseguir lo que necesitaban, tuvieron necesidad de conseguir mano de obra, lo que les llevó, como a tantos otros pueblos, a guerrear para capturar esclavos entre los enemigos dominados.

Los textos chinos citan multitudes hambrientas, nubes de jinetes que caían sobre ellos como langostas y desaparecían en un torbellino de flechas. No eran tribus, sino confederaciones de bárbaros que se aliaban para aumentar su fuerza, atacar y distribuirse el botín.

Y ya en el siglo II, el inmenso territorio que se extiende desde el Amur, el río que hoy forma frontera natural entre Rusia y China, hasta los Cárpatos, estuvo bajo dominio de tribus nómadas. En la estepa occidental, los sármatas y más tarde los godos se dedicaban al pillaje de las ciudades griegas de la Póntide, mientras que entre las actuales Austria y Rumanía eran los vándalos quienes desempeñaban el papel de predadores.

Pero en el siglo IV entró en escena un nuevo grupo de nómadas turco-mongoles que llegó a romper el equilibrio de asedios y pillajes de los otros pueblos germanos. Avanzaban en tropel y llevaban a los hunos a retaguardia.

Los hunos se desplazaban con la rapidez del rayo y combatían con arco. Eran un pueblo nómada de rasgos muy acusados y costumbres muy originales. Se rapaban el cabello, deformaban el cráneo de los niños, mataban a los ancianos e incineraban a los muertos. Para los latinos del Imperio romano, los hunos eran peores que los bárbaros y eso que muchos romanos del siglo IV, como señala Amiano Marcelino, consideraban a los bárbaros seres irracionales, como muchos occidentales consideraron irracionales a los negros y a los indios entre los siglos XVII y XIX.

En el año 375, galopando a lomos de aquellos pequeños y rápidos caballos que habían domesticado siglos atrás, atravesaron las llanuras de Ucrania[2] y derrotaron a Hermanarico, el rey elegido por los godos, el cual, incapaz de asumir su debilidad ante enemigos tan feroces, se dio muerte. Eso es lo que cuenta, al menos, Amiano Marcelino, aunque después veremos que no fue así. Lo cierto es que, en poco tiempo, los bárbaros de las estepas habían dominado desde el mar Negro hasta los Alpes orientales.

Durante un milenio, Oriente se arrojó sobre Occidente, porque detrás de los hunos llegaron los ávaros, después los turcos, los búlgaros, los kazarios, los húngaros. Siglos después, cuando todavía la Europa cristiana se enfrentaba al Islam, Oriente volvió a la carga con una nueva invasión: la de los mongoles.

Historia y leyenda

Como sucede con todos los mitos antiguos, es preciso investigar para separar la realidad de la leyenda, algo que no siempre resulta factible. En el caso de los hunos en general y de Atila en particular, hay que tener en cuenta que, como hemos dicho, la mayoría de los conocimientos que de ellos tenemos nos han llegado sesgados en los escritos de enemigos o víctimas, como los textos de cronistas e historiadores romanos o germanos.

---

[2] Las excavaciones arqueológicas han demostrado que los hunos ocuparon Kiev, capital de Ucrania.

Hay aspectos de su civilización y de su historia que resultan bastante claros. Se ha dicho de ellos que tenían una masa carnosa en lugar de rostro y agujeros en lugar de ojos. Sin embargo, los antropólogos de Rumanía y Hungría han sido capaces de reconstruir un rostro huno a partir de uno de los muchos cráneos que se han encontrado en tumbas situadas en la antigua Panonia, donde residieron muchos años y que hoy es parte de Rumanía y parte de Hungría.

Se ha dicho también que comían carne humana cuando, en realidad, envolvían pedazos de carne cruda en un tejido que colocaban entre su cuerpo y la silla de su caballo, dejándola macerar hasta que resultaba comestible. Como comían sin descabalgar, las gentes los veían arrancar trozos de carne rojiza a dentelladas, seguramente con expresión más que feroz, lo que les hizo suponer que comían la carne de las víctimas que acababan de matar.

Hay quien asegura que no conocían el fuego, cuando no solamente atacaban, robaban y saqueaban, sino que incendiaban casas, carros y campos. Todas las guerras medievales se llevaron a cabo a sangre y fuego. No se concebía otra manera de combatir. La fama de exacerbado furor y crueldad de los hunos debía ser, como fue posteriormente la de los mongoles, el arma intangible que utilizaban para someter a sus enemigos mediante el terror y la sorpresa. Atila, el azote de Dios, aquel cuyo caballo dejaba yerma la tierra que pisaba, fue equitativo con su pueblo y temible con los extraños. El reguero de terror que dejaba era un arma de uso político que servía para doblegar poblaciones con solo su nombre. Pero frente a su pueblo fue juez justo de costumbres parcas.

Se ha dicho también que Atila nunca consintió en dormir bajo techo, sino que se alojó siempre en tiendas y que su lecho consistía en un montón de pieles. Sin embargo, Prisco, el embajador romano, cuenta que le recibió en su palacio y que le ofreció la comida en vajilla de plata. Un palacio que, por cierto, se está reconstruyendo en Hungría siguiendo las indicaciones de Prisco. Un palacio con baños romanos rodeado de empalizadas.

Se cuenta que los hunos confeccionaban sus trajes con pieles de rata, después de comerse al animal, y que vestían continuamente su traje hasta que las pieles se fragmentaban y se deshacían, lo cual producía un hedor insoportable que se sumaba al de la piel del guerrero, nada acostumbrado al baño. Pero Prisco dice en su crónica que Atila era austero, que vestía con sencillez en medio del lujo de su gente, que no llevaba joya alguna y que solamente alardeaba de limpieza.

Atila no fue una bestia ni un salvaje zafio e iletrado. Se educó en Roma como futuro patricio, hablaba cinco idiomas y tenía cultura romana. Los idiomas, por cierto, no los aprendió en Roma, sino de los rehenes que los hunos tomaban en batallas y escaramuzas. De ellos parece que aprendió latín, griego y gótico. No solamente hablado, sino escrito, como pudo comprobar Prisco.

Su secretario fue Orestes, poeta romano padre de Rómulo Augusto, el último emperador romano. También tuvo como secretario a Constancio, ciudadano romano que le envió el propio Flavio Aecio. Su corte fue brillante. Acogió en ella al embajador de Roma y envió legados a varias ciudades. Se volvió a Occidente cuando Oriente le cerró sus puertas. Y, de igual modo que Alarico, se revolvió contra Roma cuando Roma le negó su reconocimiento.

Claudiano dice que los hunos no solo mataban a sus padres, sino que también hacían juramentos sobre sus cuerpos. San Jerónimo les llama lobos y bestias salvajes. Zacarías de Mitilene escribió que algunos de los hunos se refieren a sí mismos como «bárbaros, que, como bestias salvajes, rechazan a Dios». Jordanes asegura que son una raza «casi de hombres» y Procopio afirma que solo los hunos heftalíes (los hunos blancos) no viven la vida de animales. Sin embargo, parece que los únicos escritores antiguos que vivieron con certeza algún tiempo entre los hunos, visitándolos con misiones diplomáticas, fueron Prisco y Olimpiodoro. Por tanto, los otros autores no los conocieron y muchos de ellos probablemente ni siquiera llegaron a verlos. Pero las leyendas se forjan y permanecen en el inconsciente colectivo y así nos ha llegado la idea de que los hunos eran capaces de las mayores atrocidades, cuando es muy posible que lo único que hicieran los autores antiguos fuese describir el miedo y el horror que los hombres civilizados sentían hacia los bárbaros. Prueba de ello son las descripciones totalmente opuestas de Prisco, que vivió tres años en la corte de Atila y que nos dejó relatos llenos de admiración.

No todos los retratos de Atila han pintado un salvaje. Algunos representan un rey con cetro y corona, como esta ilustración del siglo XIV de la *Crónica Ilustrada Húngara.*

En cuanto a atrocidades, eran tan cotidianas en el mundo antiguo que lo más probable es que todos las cometieran por igual. Se dice, por ejemplo, que Atila asesinó a su hermano para hacerse con el poder. Constantino el Grande asesinó a su hijo y a su esposa por motivos domésticos y también a Maximino, a su cuñado Licinio y a su sobrino, que se interponían entre él y el poder absoluto de Roma. El asesinato para llegar al poder fue lo habitual durante siglos.

2

En los imperios asiáticos

Hemos visto tribus nómadas vagando entre el Don y Mongolia, en las estepas del Asia Central. Los cronistas del siglo II a. C., vieron aparecer gentes con rasgos mongoles junto a la muralla china. Los chinos los denominaron xiongnu y, aunque trataron de civilizarlos y enseñarles algo de su cultura, cayeron un día bajo su poder y sufrieron su crueldad y sus impulsos destructores. Diversos historiadores, entre ellos el inglés Edward Gibbon, los denominaron hunos.

ANTE LA GRAN MURALLA

Alrededor del año 400, China era uno de los polos del mundo antiguo. La dinastía de los

Dos de las tribus nómadas que recorrían las tierras desérticas entre el Don y Mongolia aparecieron un día junto a las fronteras de China. Paisaje de Uzbekistán.

Han, que gobernó China desde el siglo II a. C. hasta el III d.C., había unificado el Imperio y había logrado un esplendor que desbordaba las fronteras de Asia.

Todos los países han precisado una mano firme que reuniese y apaciguase los grupos, etnias o tribus que se disputaban el poder desde su llegada al territorio. Así sucedió con los francos hasta Clodoveo, con los «reinos de las Españas» hasta los Reyes Católicos, con la misma Italia hasta el siglo XIX y así fue también en China hasta 221 a. C., en que el rey de Tsin terminó con las luchas por el control del país que mantenían los príncipes feudales desde 403 a. C., lo unificó y se hizo llamar Tsin Huangdi, o Chi Huang ti, que algunos han traducido por el primer emperador.

Tsin Huangdi se mostró dispuesto a impedir que las luchas intestinas retornasen durante su reinado y se aseguró de ello destruyendo todas las fortalezas de los príncipes locales y reprimiendo brutalmente las guerras feudales. En 215 a. C., como observase con preocupación la marcha de los nómadas que, partiendo del norte, se iban acercando al sur y al oeste, inició la construcción de una fortificación que defendiese para siempre a China de posibles invasores: la Gran Muralla.

Ante ella se situaron amenazadores los xiongnu, pero no les fue fácil franquearla. Los chinos supieron defenderse hasta el punto de que un gran número de xiongnu aceptó un tratado de amistad con China, con lo que consiguieron atravesar la Gran Muralla como

La Gran Muralla china se empezó a construir bajo el reinado del primer emperador, en el año 215 a. C., para defenderse de las invasiones xiongnu, los predecesores de los hunos o, como algunos autores apuntan, los propios hunos.

amigos o, al menos, como inmigrantes. Una vez en su interior, los chinos intentaron civilizarlos e interesarlos por su cultura, pero no tuvieron éxito, porque la amistad entre ambos pueblos no fue duradera, dado que la mayor parte de los xiongnu quedaron fuera de las fronteras, insistiendo en su actitud hostil, por lo que China hubo de recurrir a expediciones militares que los empujaron al norte. Instalaron una guarnición de 60.000 soldados en la Gran Muralla y crearon plazas fuertes en torno a Mongolia.

En la ruta de la seda

Al sur de las estepas del Asia Central dominadas por las hordas de nómadas pastores y saqueadores, pasaba una ruta por la cuenca desértica del río Tarim, en el Turkestán chino, donde había oasis a ambos lados del río para descanso de las caravanas. Era la ruta de la seda, por donde los mercaderes chinos y los intermediarios persas trasladaban fardos de tesoros orientales hacia Occidente. También los misioneros indios seguían esa misma ruta para predicar el budismo en China. Por eso, por ser cruces de caminos comerciales y religiosos, confluían en ellos corrientes culturales persas y griegas, que se mezclaban con influencias chinas e indias. Y es que, por la ruta de la seda no solamente viajaban comerciantes y mercancías, sino ideas.

En el año 210 a. C., aquel primer emperador de China unificada que inició la construcción de la Gran Muralla murió y con él terminó una

Un antiguo caravasar reconstruido en la ruta de la seda.
Los caravasares fueron los precursores de nuestros moteles.
Alojamientos para los viajeros junto con sus caravanas
y sus camellos.

dinastía, los Tsin. Su muerte supuso la vuelta a las reyertas entre señores feudales que mantuvieron una larga guerra civil de ocho años, tras la cual se inició una nueva era para China, porque un campesino que fuera oficial en tiempos de los Tsin, llamado Liu Bang, se hizo con el poder y tomó de nuevo el título de emperador, dando principio a una de las dinastías más prósperas, brillantes y duraderas, los Han.

En la China de los Han florecieron grandes rutas de comercio intercontinental, sobre todo, la ruta de la seda que conoció Marco Polo y que atravesaba las tierras de Asia Central para comunicar China y la India con el Imperio

Los chinos organizaron rutas comerciales que llegaron al Mediterráneo, principalmente, la ruta de la seda. Tras los ataques de los hunos, fue preciso restaurarla. La leyenda, descrita en este tapiz, señala a la emperatriz Leizu como descubridora del arte de obtener y tejer la seda.

romano. Fueron los mayoristas persas quienes intermediaron en las transacciones comerciales entre Oriente y Occidente. La ruta de la seda debe su nombre a las lujosas sedas chinas que los mercaderes persas vendían a los romanos ricos. Roma apreció siempre las riquezas y los lujos orientales y le dio el auge que tuvo durante siglos. Sin embargo, el pasillo comercial y cultural que unió durante siglos Oriente con Occidente se quebró un día debido a los ataques de los nómadas de las estepas.

La ruta de la seda se iniciaba en la capital de la China de los Han, Chang'an, y continuaba al oeste del río Amarillo, bifurcándose en ramales al norte y al sur. Desde Kashgar, en la zona más occidental de China, cruzaba Asia Central dirigiéndose a Afganistán, Persia y Europa.

EN LA CHINA DE LOS HAN

En el siglo I, el general Pan Chao, perteneciente al poderoso Imperio de los Han, empleó más de 20 años en someter a toda el Asia Central e imponer la paz china en la ruta de la seda.

Pan Chao destruyó la confederación de los xiongnu que se dividieron en tres grupos: los xiongnu septentrionales, en el alto Orjon, los xiongnu meridionales, junto al río Amarillo, y los xiongnu occidentales, en las estepas del mar de Aral.

Fueron también los Han los que consiguieron apaciguar a los xiongnu orientales, acogiéndolos como inmigrantes en el año 195, pero ya dijimos que no todos los xiongnu aceptaron el acuerdo con los chinos, sino únicamente un pequeño grupo. La mayoría se mantuvo a la espera de mejor ocasión para atacar e invadir,

Los griegos escribieron sobre los escitas y se interesaron por
su cultura. Hicieron de ellos mitad realidad y mitad mito.
Los escitas vencieron hace siglos a los temibles hunos. Así los
imaginó un artista ruso anónimo del siglo XIX.

estableciéndose en el desierto de Gobi, al norte
de la Muralla. En cuanto a los xiongnu occidentales, decidieron emprender el camino
hacia el Oeste, donde no había grandes murallas que salvar y se mezclaron con los alanos,

LOS ESCITAS

Los pueblos que los griegos denominaron escitas salieron de Asia Central y llegaron al mar Negro entre el VIII y el VII a. C. En el siglo III a. C., llegaron los sármatas al mar Negro desde las estepas que se extienden entre el Don y el Volga. Eran también nómadas y desestabilizaron a los escitas.

Los griegos los observaron con curiosidad y escribieron sobre ellos cosas asombrosas, mitad reales y mitad fantásticas. Los textos médicos del *Corpus hippocraticus*, por ejemplo, explican que los escitas se practicaban una incisión en una vena que pasa tras la oreja, para aliviar el intenso dolor de piernas que les producía el continuo cabalgar y, que, debido a esa incisión, resultaban estériles, ya que el semen, que entonces se creía proceder del cerebro y la médula, no llegaba a las zonas sexuales.

produciendo una marea invasora que se dirigió al mar Negro, donde tropezaron con los escitas, instalados allí desde siglos atrás, al igual que los sármatas. Los escitas repelieron a los xiongnu lanzándolos contra las ciudades griegas del mar Negro y empujaron a los cimbrios y los teutones hacia el Oeste. Allí, junto al mar Negro, Tanais y Panticapea perecieron víctimas de la ferocidad de los xiongnu.

Pero volvamos a los xiongnu orientales, el grueso de los cuales dejamos junto a la Gran Muralla china, como una amenaza constante, en

La decadencia de China llegó cuando olvidaron finalizar la Gran Muralla y dejaron resquicios por los que entraron los xiongnu a invadir el Imperio.

espera del momento oportuno para entrar por la fuerza. Ese momento llegó cuando el poder de los chinos se debilitó, como siempre ha sucedido en la Historia, debido a la corrupción y a la relajación de la atención, más dedicada al poder y a la riqueza que a vigilar las fronteras.

El año 220 fue el de la caída de los Han y supuso el inicio de la división e incluso de la anarquía, porque China volvió a dividirse, formando la China de los Tres Reinos, es decir, tres estados rivales. Una división y un debilitamiento que los xiongnu supieron aprovechar oportunamente para abalanzarse sobre el Imperio, que, sumido en luchas intestinas, había dejado de mirar hacia su frontera septentrional olvidando la amenaza de los bárbaros.

Y no solamente dejaron de mirar hacia la frontera, sino que dejaron sin concluir la Gran Muralla, olvidando resquicios por los que los xiongnu consiguieron entrar e incluso saquear la capital Lo-Yang en el año 311, durante la dinastía Tzin.

Igual que Roma se derrumbó cuando Alarico logró saquear la capital al frente del tropel de godos, China se vino abajo cuando los xiongnu violentaron la capital. Ya en el año 308, un xiongnu se proclamó emperador en el norte de China, abriendo la puerta a los demás invasores. Naturalmente, una vez que se desmoronó aquella potencia china creada por los Han y capaz de mantener la paz y el orden en Asia Central, los xiongnu occidentales, a los que los historiadores llamaron hunos, se abrieron camino y reanudaron su avance hacia el sur y el oeste, cruzando Rusia meridional, dominando a los alamanes y empujando a los godos que, asentados al norte del Danubio, entraron en el Imperio romano produciendo su descalabro.

En el 311, las huestes del autoproclamado emperador xiongnu se apoderaron de la capital Lo-Yang y la dinastía de los Tzin tuvo que abandonar el norte de China refugiándose en Nankin, que fue capital de lo que quedó del Imperio desde 318 hasta 589, igual que el emperador romano de Occidente tuvo que refugiarse en Rávena y abandonar Roma a los godos, convirtiendo a Rávena en la capital de lo que quedó del Imperio romano. China fue, definitivamente, la precursora de Roma en lo que atañe a desastres y pérdidas.

Todas las provincias chinas continentales quedaron sometidas a los xiongnu y solo las del sur, que vivían del mar y cuya influencia urbana y comercial alcanzaba desde el Yang-Tse hasta los confines de China, pudieron escapar al dominio bárbaro.

Las partes norte y oeste del país, subyugadas por los bárbaros, sufrieron la misma decadencia que experimentaría más tarde Europa, despoblada, saqueada y destruida y degollados sus habitantes, aunque continuó viviendo bajo el régimen de las antiguas instituciones chinas, lo que sirvió a los invasores para utilizar en propio beneficio los servicios forzosos y los gravámenes arbitrarios, aumentando el hambre provocada por las invasiones, paralizando las relaciones mercantiles y hundiendo el país en la miseria y la anarquía.

La trayectoria del Imperio chino pareció marcar la del Imperio romano. En ambos casos se dio el acoso de los bárbaros, la decadencia interna, la invasión y la división en dos zonas geográficas, oriental y occidental. *Damas jugando a los seises dobles*, de Zhou Fang (siglo VIII), Freer Gallery, Washington.

Y como también sucedió con el Imperio romano de Oriente y de Occidente, el norte y el oeste de China se hundieron bajo la corrupción de las costumbres cortesanas, los abusos de los terratenientes y el vicio mundano de los monjes, evolucionando hacia un régimen agrario dominado por la nobleza latifundista y los monasterios. Sin embargo, en el sur, donde los Tzin mantuvieron el dominio de su dinastía, hubo una evolución política y social gracias a la actividad económica de las ciudades costeras. No obstante, los invasores nómadas desorganizaron el país aprovechando la debilidad y flaqueza de los gobernantes, por lo que se derrumbó y acabó con la dinastía Tzin en el año 420.

El hundimiento del Imperio chino permitió a los bárbaros cortar la ruta de la seda e instalarse en el Turkestán chino. Y, una vez cortada, la China continental quedó aislada del mundo exterior por falta de mercados y solo le quedó la economía puramente agrícola y cerrada, el régimen señorial.

Pero los xiongnu desaparecieron años más tarde. Entonces, el Imperio chino inició su reconstrucción, recuperando su unidad nacional, su seguridad y la industria de la seda.

Los hunos blancos

Edward Gibbon narra la división de los xiongnu (él los llama hunos) en su *Historia de la decadencia y caída del Imperio romano*. Cuenta este autor que, antes de nuestra era, vivían ya al norte de la Gran Muralla, llegando, si no a dominar, sí a ejercer su poder sobre el mismo Imperio chino con tal fuerza que uno de los emperadores de la dinastía Han, Wu-ti, a quien la Historia dio el título de emperador marcial y que reinó entre

El hundimiento del Imperio chino permitió a los xiongnu cortar la ruta de la seda e instalarse en el Turkestán chino, donde se yergue este mausoleo dedicado al poeta Yasavi.

140 y 87 a. C., los venció no solo militarmente, sino en el terreno diplomático, rompiendo las alianzas y tratados establecidos.

Fue a partir de ese momento cuando los xiongnu se disgregaron en grandes grupos. Los que habían quedado en su tierra natal, las estepas del Asia Central, conquistaron a otras tribus tártaras y se adueñaron del territorio. Los que habían aceptado los tratados con China, se retiraron a los territorios que se les habían asignado para su asentamiento pacífico. Los restantes se dividieron en dos ramas, una de las cuales se dirigió al mar Caspio, asentándose al oeste de dicho mar. La otra, que es la que más nos interesa porque fue la que llegó a conquistar Europa, atravesó Asia y el este de Europa para aparecer, ya a finales del siglo IV, en la frontera del Imperio romano, sorprendiendo a los pueblos allí establecidos con su rapidez, su ferocidad y su manejo del arco.

Como dijimos anteriormente, fueron los historiadores bizantinos quienes llamaron hunos blancos o heftalíes a la rama de los xiongnu que hemos visto dirigirse hacia el mar Caspio. De ellos sabemos, por una cita de Procopio de Cesárea, el historiador de Justiniano, en su *Historia de las guerras*, que no tenían una apariencia tan terrible como los hunos negros, los de Atila. Según este autor, «los heftalíes son del linaje de los hunos de hecho así como de nombre, sin embargo no se parecen a los hunos que conocemos… son de piel blanca y no tienen los ojos oblicuos ni llevan un género de vida semejante al de los hunos, ya que, a diferencia de ellos, no viven como bestias, tienen un gobierno con leyes y viven entre ellos y con sus vecinos de manera recta y justa, como los romanos».

Tenemos, por suerte, un retrato del rey huno Toramana, que aparece en una moneda de cobre de la época gupta, en la India, en la que se aprecia la deformación craneana que los hunos practicaban y que parece que copiaron los alanos, cuando fueron sus vecinos en el Asia Central. Esta deformación se lograba vendando el cráneo de los recién nacidos hasta darles

Moneda del rey huno Toramana. La forma alargada de la cabeza parece coincidir con la costumbre de deformar el cráneo de los niños, vendándolo hastadarle forma ovoide.

forma ovoide, con la frente hundida y el hueso occipital saliente, lo que les confería mayor aspecto de ferocidad. Esta costumbre, sin embargo, fue muy practicada por los olmecas del Méjico precolombino, quienes modificaban la forma del cráneo de los personajes de rango superior, como una forma mística de reconocimiento y beatificación. Lo hemos visto en el antiguo Egipto. También los mayas y otros pueblos de América se deformaban el cráneo para obtener un aspecto noble o, como apuntan muchos autores, para facilitar la colocación de objetos sobre la cabeza.

Las monedas acuñadas por los reyes hunos heftalíes parecen también señalar que absorbieron algunos aspectos de la escritura y la cultura de la Bactriana griega, de la que se apoderaron en el siglo v.

LA DEFORMACIÓN CRANEANA

La deformación del cráneo se iniciaba en el momento del nacimiento y se completaba entre los 3 y los 4 años de edad. No provoca disfunciones cerebrales, pero no cabe duda de que debió ser un proceso doloroso para los niños que lo padecieron. En Europa, no solamente los hunos exhibieron un cráneo en forma de torre. Se han encontrado en Austria numerosas tumbas germanas, algunas de cuyas calaveras presentan esa deformación que parece que servía para distinguir a algunos ciudadanos de otros. Es posible que fueran los hunos quienes pusieran de moda el cráneo deformado entre los germanos. Gracias a ello, para los antropólogos y los arqueólogos, los cráneos dolicocéfalos han trazado el mapa de las migraciones de los germanos.

En cuanto a sus creencias religiosas, no se conocen con certeza, pero algunos autores antiguos los acusaron de negar la fe budista y de rendir culto a dioses paganos, en un país, la India, que mantenía la religión hindú y respetaba profundamente el budismo. Procopio de Cesárea escribió que rendían culto al fuego y al cielo. Por los hallazgos arqueológicos, sabemos que los hunos blancos enterraban a sus muertos en tumbas de piedra. No los incineraban.

Por él y por los chinos sabemos que los heftalíes practicaban la poliandria, lo que confería a la mujer un poder particular. Cada mujer se casaba con un grupo de hermanos y los hijos pertenecían al hermano mayor. Disfrutaban además de libertad para tener relaciones adúlteras.

En la Persia de los sasánidas

En las tierras que hoy se encuentran al norte de Afganistán, existió un país deseado y disputado, tanto por la abundancia de agua que regalan sus oasis como por su situación, en el paso obligado de las rutas comerciales que unían entonces el Lejano Oriente, la India y el Mediterráneo. Su nombre griego era Bactriana o Bactria, griego, porque un día formó parte del Imperio griego y macedonio de Alejandro Magno. Antes, fue una importante satrapía del Imperio persa, eterno rival de griegos y romanos. Siglos después, cuando la dinastía sasánida[3] recreó el poderío del Imperio persa, Bactriana volvió a ser persa y persa era cuando los hunos blancos, los heftalíes, decidieron levantar su campamento del oeste del mar Caspio y arrojarse sobre ella.

Esto sucedió en el siglo v. En el vii, Bactriana fue árabe y bajo su cultura floreció, como florecieron todas las tierras que el mundo árabe conquistó en su día. Después, ya en el siglo xiii, Bactriana perecería bajo la invasión de un nuevo imperio de las estepas, los mongoles.

---

[3] La dinastía sasánida fue fundada por Ardashir en el siglo iii. Su nombre procede de Sasán, sumo sacerdote de Zoroastro y abuelo de Ardashir.

Bactriana. El tráfico comercial y las comunicaciones entre
el Lejano Oriente, la India y la cuenca del Mediterráneo
se beneficiaron de sus tierras fecundas y la abundante
agua de sus oasis.

En el año 425, cuando Atila todavía se
educaba en Roma como futuro patricio, los
hunos heftalíes se arrojaron sobre Bactriana y
llegaron hasta Teherán. Dos años más tarde,
sufrían una tremenda derrota a manos de los
sasánidas, de la que no pudieron resarcirse
hasta casi treinta años más tarde. Pero fue ya
en el año 483 cuando los heftalíes consiguieron
una gran victoria sobre el rey persa Peroz I, al

La dinastía persa
sasánida sufrió
también la invasión
de los hunos quienes
actuaron incluso
como imperialistas,
quitando y
poniendo reyes.
Relieve sasánida
que representa al
dios Ahura Mazda
invistiendo a
Ardashir I (siglo III).

que no solamente vencieron, sino mataron, tras de lo cual ocuparon Samarcanda y Bactriana, crearon un kanato y, desde allí, como si fuera un trampolín, se abalanzaron sobre la India que vivía uno de los períodos más brillantes de su historia con la dinastía de los guptas.

Pero, antes de su victoria sobre Peroz, ya llevaban años establecidos en tierras persas porque sabemos que en el año 456 enviaron su primer embajador a la corte china de los Wei. Precisamente fueron los viajeros chinos de tiempos de los Wei los que nos han dejado mayor información acerca de los hunos heftalíes, ya que muchos de ellos escribieron lo que habían podido ver y oír durante sus recorridos por zonas dominadas por los hunos blancos.

Y sabemos que hubo un tiempo en el que actuaron como conquistadores e imperialistas, porque repusieron en el trono persa al sasánida Kavad I, hijo de Peroz, a quien los nobles habían impedido el acceso al trono. Y no solo eso, sino que en el año 497, Kavad fue nuevamente depuesto por sus príncipes y nuevamente obtuvo el apoyo y la fuerza de los heftalíes para sentarse en el trono por segunda vez.

Fue el hijo de Kavad, Cosroes I, quien, al suceder a su padre en el trono, se enfrentó con los heftalíes a los que todavía Persia pagaba tributos tras la derrota sufrida, y consiguió aplastarlos y arrojarlos definitivamente de Persia. Eran tiempos de reformas religiosas y sociales. Persia vivía momentos de esplendor cultural e intelectual y necesitaba paz, independencia y poder para completar su desarrollo.

Cosroes se encargó de obtenerlos a costa de los heftalíes y a costa de los bizantinos, a los que también arrancó buenos territorios. De él han dicho los historiadores que empujó con una mano los muros de Constantinopla y, con la otra, expulsó a los invasores heftalíes lejos de sus dominios, que se extendieron de nuevo hasta el Indo.

EN LA INDIA DE LOS GUPTAS

La dinastía de los guptas tuvo orígenes humildes, aunque nobles[4], pero sus reyes fueron los artífices del primer Imperio hindú que surgió en la India en el siglo IV. Ellos unificaron la India, como hemos visto hacer al primer emperador chino; ellos devolvieron su puesto a la religión hindú, aunque continuaron permitiendo el budismo; ellos crearon una estabilidad política y económica capaz de permitir el florecimiento no solo de la ciencia, sino de las artes, la música y las letras. Hay historiadores que señalan una revolución científica en la India durante el reinado de Chandragupta II, debido al enorme incremento del conocimiento científico. Sabemos que en el año 499, el astrónomo indio Aryabhata planteó que la Tierra era una esfera que giraba sobre su propio eje y

---

[4] Su fundador, Chandragupta I, procedía de una familia noble de escasa importancia social, aunque rica, pero se casó con una princesa de una familia noble de alta posición social y eso le abrió las puertas de la aristocracia y le consiguió su apoyo.

La dinastía de los guptas hizo florecer una época dorada
en la historia de la India. Pero, en el siglo v, los hunos blancos
la destruyeron, se apoderaron del trono y crearon su propia
dinastía. Relieve gupta (siglo v).

orbitaba alrededor del sol. Faltaban once siglos para que Copérnico formulara en Occidente el sistema heliocéntrico que, por cierto, propuso ya Aristarco de Samos en el siglo III a. C.[5]. Y sabemos que el arte de la India, la literatura y la poesía, el empleo del idioma sánscrito, la música, la danza, la ciencia, la religión y la filosofía vivieron una etapa de esplendor que nos dejó un legado importantísimo.

Pero el siglo V fue tan nefasto para la India de los guptas como lo fue para la Roma de los teodosianos. Y fueron los hunos los responsables de la catástrofe que sumió a ambos países en el caos. Si en Roma lo fueron indirectamente, en la India lo fueron directamente. En ambos casos aprovecharon un momento de debilidad para abalanzarse sobre el Imperio y devorarlo.

Y es que, en el siglo V, el Imperio gupta empezó a desmoronarse, primero, por causas internas y, finalmente, por causas externas. El sistema de recaudación de las tierras de la aristocracia establecido por los guptas convertía a todos los nobles en terratenientes, lo que dio lugar al surgimiento de focos de poder creciente que un día amenazaron al poder central del rey. Surgieron por todas partes príncipes levantiscos que empezaron a disputar el poder a su señor, porque la nobleza, engreída y prepotente, dedicó sus esfuerzos a la autocomplacencia, a

---

[5] Los indios conocieron el álgebra mucho antes que los árabes. La numeración que hoy llamamos árabe procede de la India de donde los árabes la tomaron en el siglo VIII. También fueron los indios los inventores del 0.

La India de los guptas también terminó por dividirse
en dos zonas geográficas, oriente y occidente, lo que
favoreció la invasión de los hunos blancos.
Cabeza de Buda de la época gupta.

rodearse de lujo y bienestar y a buscar la perfección. Poco a poco, el poder central que el rey ejercía sobre los líderes regionales se fue debilitando y su control sobre el Imperio se relajó, circunstancia que aprovecharon los invasores hunos para lanzarse a la guerra abierta.

En el año 454, mientras el poder de los hunos negros de Atila se desperdigaba tras la muerte de su caudillo, el poder de los hunos blancos se enfrentaba y vencía al rey gupta en su propia frontera, donde se venían concentrando gradualmente desde su asentamiento en Bactriana.

La invasión de los hunos fue terrible. Destruyeron y saquearon ciudades, templos, monasterios y arrasaron cuanto hallaron bajo los cascos de sus caballos. Se establecieron al noroeste para crear su propia dinastía, un kanato huno que se levantó sobre las ruinas del Imperio gupta, ya a principios del siglo vi.

Durante los años restantes del siglo v, los reyes guptas mantuvieron un frente abierto contra los hunos, pero este nuevo debilitamiento generado por las guerras fue aprovechado por los nobles indios que se levantaron reclamando independencia. A la muerte del rey Buddahgupta, se produjo un enfrentamiento interno por la sucesión que terminó en la escisión del Imperio, dividido (como sucedió con los imperios chino y romano) en parte occidental y parte oriental, algo que, como era de esperar, favoreció a los hunos que encontraron menos resistencia a la hora de invadir una y otra parte del Imperio. Hacia el año 520, el

Imperio gupta se había reducido a un pequeño grupo arrinconado en los confines del amplio territorio que una vez fuera suyo y, a mediados del siglo VI, la dinastía de los guptas había desaparecido por completo.

El jefe huno Toramana devastó Cachemira, Punjab y Bengala. A su muerte, en 502, su hijo Mihirakula siguió su labor devastando monasterios y aniquilando monumentos gupta. Los clanes hunos de Punjab que representaban una amenaza para sus vecinos fueron exterminados o absorbidos por los indígenas en el siglo VI y desaparecieron. En menos de un siglo, los hunos blancos habían terminado con una cultura que existía desde hacía 5 siglos y habían arruinado un imperio.

EN LA INDIA DE LOS HEFTALÍES

Las inscripciones guptas nos han dejado algunos datos acerca de la conquista de los hunos. El primer huno que se coronó kan de las provincias arrancadas a los guptas, Kashmir y el Punjab, fue Toramana, al que sucedió su hijo Mihirakula. Parece que el último rey de la dinastía de los guptas fue Vishugupta, entre el 540 y el 550. Tras él, aquella estirpe que un día hiciera brillar a la India y lograra su magnificencia y su progreso desapareció para siempre.

Toramana acuñó, como hemos visto, monedas de plata similares a las de los guptas y se apoyó en una administración local india. Tenemos un texto chino de comienzos del siglo VI, del enviado de la reina Hu, Song Yun, que describe a los hunos como un pueblo algo más civilizado e incluso comenta que algunos se habían convertido al budismo y que el propio Toramana había adoptado la religión hindú. Sin embargo, su hijo y sucesor Mihirakula, que reinó entre el 502 y el 542, dejó una reputación de bárbaro salvaje dado al pillaje y al asesinato. No sabemos si es leyenda o realidad, pero se cuenta de él que disfrutaba haciendo despeñar elefantes para oír sus chillidos al chocar con las rocas. Si tenemos en cuenta que en aquella época los elefantes formaban parte de la maquinaria de guerra, la historia no parece muy creíble, a menos que se trate de algún caso aislado al que la leyenda convirtió en habitual.

Tras los reinados de Toramana y Mihirakula, hubo otros kanes hunos (hunas, para los indios), entre los que se encuentran Lakana y Khigila, cuyos reinados tuvieron lugar en la segunda mitad del siglo VI, pero de los cuales no se conocen las fechas exactas. Parece ser que reinaron en Kabul o en Gardiz y que el reinado de Khigila duró unos ocho años, según indica una inscripción descubierta ya en el siglo XXI.

Pero llegó un momento en que los príncipes indios decidieron no seguir soportando los abusos de los gobernantes hunos e iniciaron revueltas y movimientos, soliviantando al pueblo y enfrentándose a los invasores. Esto empezó a hacer tambalear el poder de los heftalíes y terminó por disminuir su dominio sobre la India Oriental y Central.

Tiempo después, Cosroes, el rey de reyes que devolviera a Persia su poder y derrotara

El rey persa Cosroes I se ocupó de liberar Persia. Se alió con los turcos y vencieron a los hunos blancos, dividiéndolos y destruyendo su kanato. Esta moneda de oro muestra su efigie.

definitivamente a los hunos blancos, llegó a aliarse con los turcos, aquellos turco-mongoles que vimos dirigirse hacia el norte del Imperio bizantino y establecerse durante el siglo v en espera de un momento de debilidad para arrojarse sobre las murallas de Constantinopla.

Aliados turcos y persas consiguieron la más completa de las victorias, atacando a los heftalíes en Bactriana por el oeste y por el norte al mismo tiempo y derrotándolos en el año 560. Aún pasarían varios años guerreando, pero la destrucción del kanato huno de Bactriana les dio, sin duda, el golpe de gracia, porque en el año 570 persas y turcos habían conseguido no solamente dividir el Imperio de los hunos blancos, sino derrocar el que establecieran en la India. A mediados del siglo VI, los hunos blancos, no tenían el menor dominio político en la India. Los individuos que quedaron se mezclaron y fueron absorbidos por la población.

Durante los 150 años que duró el dominio huno sobre la India, los señoríos se habían desperdigado, las ciudades se habían despoblado y el país había quedado sin norte. Una vez arrancada a los hunos, los príncipes guerreros de Tanesvar, un pequeño estado asentado en las montañas entre el Ganges y el Indo, se encargaron de reagrupar el país bajo su mando. Harsavardhana, también conocido como Harsa, gobernó el norte de la India devolviéndole su esplendor cultural e intelectual durante el siglo VII y estableciendo relaciones comerciales y diplomáticas con China.

Siglos más tarde, otro imperio de las estepas, el Imperio mongol, gobernaría de nuevo la India desarrollando una nueva cultura tan duradera como espectacular, la que nos ha dejado tesoros como el Taj Mahal, un monumento erigido para una hermosa historia de amor.

3

En las fronteras del Imperio romano

Las tropas victoriosas de Trajano habían levantado una muralla defensiva que debía proteger eficazmente al Imperio de las tribus germanas que merodeaban al otro lado del Danubio y del Rin. Tras el emperador sevillano, Roma renunció a su expansión y se limitó a defenderse de la presión amenazante de los bárbaros, reorganizando su vida y sus actividades dentro del recinto amurallado y denominando a esta situación la paz romana del siglo II.

El limes romano, que Valentiniano inició para defender el Imperio de los bárbaros y que consistía en una serie de fortificaciones continuas levantadas entre las fronteras naturales de

Los pueblos germanos que se acercaron a las fronteras de Roma admiraron el Imperio y desearon fundirse en su cultura y en su civilización.

75

los ríos y apoyadas por rutas que permitieran a las guarniciones desplazarse a todo lo largo de las fronteras, se fue prolongando a medida que Roma fue conquistando tierras. Adriano, Antonino, Marco Aurelio y otros emperadores continuaron levantando muros que limitasen los territorios del Imperio y los protegiesen de incursiones extrañas.

Al llegar el siglo III, Roma limitaba al norte con el mar Negro, el Rin y el Danubio; al sur, con los desiertos del Sáhara y Siria; al este, con el río Éufrates y, al oeste, con el océano Atlántico. Las fronteras eran respetadas por los bárbaros, en parte por temor a las legiones romanas y, en parte, por el respeto natural que sentían aquellos pueblos semisalvajes hacia la civilización, la cultura y el poder de Roma. A modo de ejemplo, tenemos la narración de Edward Gibbon, según el cual el rey godo Atanarico, deslumbrado ante la vista de Roma, reconoció que el emperador romano tenía necesariamente que ser un dios y que ningún hombre debía levantar su mano contra él. Otro tanto opinaron los enviados ávaros a la corte de Justiniano, ya en el siglo VI, cuando el Imperio occidental había sido despedazado, pero el oriental seguía resplandeciendo como un anticipo del cielo.

El mayor deseo de los bárbaros no era penetrar en el Imperio y devastarlo, sino entrar por la puerta grande, acceder a la civilización, adquirir cultura y llegar a recibir la ciudadanía romana. Esto fue lo que impulsaría a todos aquellos bárbaros a civilizarse y a recibir el bautismo, que era condición *sine qua non*, porque cristianizarse equivalía a romanizarse y romanizarse equivalía a civilizarse.

Pero no todos los pueblos que merodeaban junto a las fronteras de Roma pretendían entrar por la puerta grande. Muchos realizaban incursiones y mantenían escaramuzas con los puestos fronterizos para entrar a saquear lo que pudieran. Sin embargo, estas penetraciones solían ser débiles y eran repelidas inmediatamente por los condes romanos. Hizo falta una fuerza superior para convertir a los semipacíficos pueblos que suspiraban por formar parte del Imperio romano en las hordas salvajes que atacaron en tropel el objeto de sus deseos. Una fuerza que, según los godos, procedía de la unión execrable de las brujas escitas con los demonios del desierto, un ataque inhumano, aterrorizador, apocalíptico. El ataque de los hunos.

DE LA PAZ ROMANA A LA PAZ ROMANO-GERMÁNICA

Todo empezó en el siglo III. Roma, la orgullosa *Caput mundi* que había conseguido implantar un solo idioma, una sola legislación y un solo emperador desde el Atlas hasta el Éufrates, empezó a sentir en sus fronteras algo más que una amenaza. Esto no era nuevo, porque ya Adriano, en el siglo II, hubo de recorrer más de una vez la inmensidad del Imperio a lomos de Borístenes, su caballo predilecto, pacificando a los levantiscos fronterizos de Mauritania y visitando estados clientes de la

Los romanos
edificaron murallas
defensivas (limes)
para proteger el
Imperio, pero
de nada valieron
cuando los pueblos
destinados a formar
Europa se pusieron
en movimiento.

Galia, Germania, Britania e Hispania, para asegurarse su fidelidad.

A principios del siglo II, los cimbrios y los teutones se habían enfrentado a los ejércitos de Roma, pero lo habían hecho con la intención de integrarse en el Imperio y ser romanos, como ya lo eran los celtas. Algunos pueblos germanos formaron pronto parte de las legiones mercenarias de Roma.

En el 250, eran los godos quienes habían atacado las fronteras, mientras que los francos recorrían la Galia camino de Hispania. Pero todos ellos habían terminado por firmar acuerdos para crear la paz romano-germánica.

Pero ni la paz romana del siglo II ni la posterior paz romano-germánica fueron duraderas porque, lo mismo que hemos visto que sucedió en China, donde los xiongnu aprovecharon la debilidad del Imperio para abalanzarse sobre él, así ocurrió con el Imperio romano.

El Imperio dividido

A partir del año 180 y coincidiendo con la muerte de Marco Aurelio, la deshumanización, el vicio y el desenfreno se habían apoderado de Roma y unos y otros se dedicaban a asesinar, usurpar y caer en su propia trampa, en una sucesión enloquecida de tiranos ambiciosos y traidores encumbrados, con alguna excepción, cuya permanencia en el trono fue sumamente corta. Geta, Caracalla, Macrino, Heliogábalo y Severo Alejandro murieron asesinados uno tras otro, entre el 211 y el 235. Cinco emperadores en 24 años y todos ellos muertos violentamente. Esta forma de ocupar y desocupar el trono del Imperio era lo habitual en aquellos tiempos.

Diocleciano duró más. Fue emperador entre el 284 y el 305. Seguramente duró más porque decidió trasladarse a Nicomedia, en Asia Menor, no solamente por la belleza de su tranquilo paisaje, sino por dormir seguro lejos de las intrigas palaciegas de Roma. Su excusa fue la necesidad de vigilar de cerca las fronteras orientales amenazadas por los persas, pero aquel fue un paso definitivo hacia la división del Imperio, porque si Nicomedia permitía al emperador vigilar la frontera oriental, ¿qué iba a ser de la occidental?

La solución inició las tetrarquías. Para empezar, se eligió utilizar el título de augusto para el gobernante y reservar el de césar para el sucesor.

El nuevo augusto occidental fue Maximiano. Entonces, a cada augusto le tocó elegir un césar, eligiendo Diocleciano a Galerio y Maximiano a Constancio Cloro. Ambos augustos firmaron un acuerdo que les obligaba a abdicar al cabo de veinte años a favor de sus respectivos sucesores, los césares.

Ya tenemos cuatro gobernantes, dos de hecho y dos en ciernes. Y ninguno en Roma, porque la sede occidental se fijó en Milán, que estaba mucho más cerca de la frontera norte, amenazada por los godos. Allí se estableció Maximiano, mientras que Galerio lo hacía en Yugoslavia y Constancio Cloro en Germania.

La nueva tetrarquía, como era de esperar, desembocó en una guerra de sucesión, lo que se

Roma mantuvo guerras intermitentes con los pueblos bárbaros que se acercaron a sus fronteras. Los godos se asentaron junto al Danubio, los belgas y los burgundios, junto al Rin. Los longobardos, en la imagen, asolaron Italia en el siglo VI.

83

repitió con frecuencia a lo largo de la historia, que se pobló de traiciones, asesinatos y guerras civiles.

Así, mientras los gobernantes se enredaban en luchas por el poder, los bárbaros de la Galia y de Germania se decidían a atacar la frontera septentrional y, en el Danubio, los godos, al mando de su nuevo rey Hermanarico, se aliaban con otros pueblos, formando desde entonces una confederación y un ejército cada vez más preparado para atacar las fronteras de Roma. Esto en Occidente porque, en Oriente, el Imperio se enfrentaba a un enemigo mucho más poderoso y peligroso que las tribus hostiles bárbaras de Europa y África: Persia, el único país al que el Imperio romano realmente consideraba un adversario a su altura.

Un enemigo digno de Roma, porque el Imperio persa de los sasánidas constituyó, sobre todo durante el siglo IV, un bloque intermediario entre Asia y la cuenca del Mediterráneo. Los persas controlaban las rutas comerciales con Oriente Medio, como lo hemos visto en la ruta de la seda, imponían su moneda de plata y organizaban una economía fundada en el crecimiento de las producciones industriales así como en los desmontes necesarios para el abastecimiento de las ciudades; con ello, los sasánidas llegaron a poner en jaque las posiciones avanzadas de Roma.

Y, sin embargo no fueron los persas quienes terminaron con el Imperio romano, sino los godos, los que un día fueron sus aliados y suspiraron por integrarse en el Imperio, los que se atrevieron a cruzar la línea mística de la capital del mundo, las puertas de la Urbe.

Las Tetrarquías

Parte del Imperio gobernada	Augusto	Periodo	César o asociado al trono
Occidente	Maximiano	386-305	Constancio Cloro
Oriente	Diocleciano	284-305	Galerio
Occidente	Constancio Cloro	305-306	Severo
Oriente	Galerio	305-311	Maximino Daya
Occidente	Severo	306-307	Constantino I
Occidente	Constantino I el Grande	307-337	Majencio, Crispo
Occidente	Majencio	307-312	
Oriente	Maximino Daya	307-313	
Oriente	Licino	307-323	Liciniano
Oriente y Occidente	Constantino I el Grande	324-337	Constantino II Constancio y Constante
Occidente	Constantino II	337-340	
Occidente	Constante I	337-350	
Oriente	Constancio	337-361	
Oriente y Occidente	Juliano el Apóstata	361-363	

Batalla del Puente Milvio, de Giulio Romano.
Batalla en la que Constantino derrotó a Mejencio,
una de las muchas guerras por el poder que mantuvieron
las tetrarquías de Roma, Italia.

Parte del Imperio gobernada	Augusto	Periodo	César o asociado al trono
Oriente y Occidente	Joviano	363-364	
Occidente	Valentiniano I	364-375	Graciano
Oriente	Valente I	364-378	
Occidente	Graciano	375-383	Teodosio I
Occidente	Valentiniano II	375-392	
Oriente y Occidente	Teodosio I el Grande	379-395	
Occidente	Honorio	395-423	
Oriente	Arcadio	395-408	
Occidente	Valentiniano III	423-455	
Oriente	Teodosio II el Joven	408-450	
Occidente	Diversos reyes nombrados por los caudillos bárbaros	456-476	
Oriente	Pulqueria	450	
Oriente	Marciano III	450-457	
Occidente	Odoacro, primer rey bárbaro. Fin del Imperio romano	476-493	Graciano

Los rosomonos

Los rosomonos eran un pueblo sometido a los ostrogodos. Es probable que procedieran de otro pueblo germano, los hérulos. Según cuenta Jordanes, una mujer de ese pueblo, Sunilda, había engañado y abandonado a su marido y el rey Hermanarico, a quien correspondía administrar justicia, la condenó a morir descuartizada por cuatro caballos que tiraron de sus miembros en direcciones opuestas. Otros autores cuentan que Sunilda fue esposa del propio rey Hermanarico y que la condena fue la respuesta a una acusación de adulterio. Los rosomonos Saro y Ammio, hermanos de la mujer, la vengaron hiriendo al rey Hermanarico en el costado con una espada, herida de la que nunca se repuso y que le causó aquella debilidad que aprovechó el rey huno Balamber (o Balamero) para atacar a los ostrogodos.

El mundo se estremece

En el siglo IV, el mundo se estremece. Los pueblos asentados al otro lado de la frontera romana tiemblan al oír el galope de unas hordas salvajes que avanzan desde el Volga hacia Occidente. Son los hunos que, expulsados de Asia, han convulsionado el mar Caspio y el mar Negro y ahora se dirigen a Europa.

Los godos adquirieron parte de la cultura y refinamiento de Roma. Aprendieron incluso a crear joyas similares a las romanas, pero adoptando como motivo principal el águila, símbolo de la libertad. El águila era también el estandarte de Roma.

Hemos visto varios pueblos asentados junto a las fronteras, aguardando el momento de entrar en el Imperio. César había denominado germanos a todos los que quedaron fuera cuando Roma cercó la Galia. No eran un solo pueblo, ni siquiera estaban confederados, sino que se miraban entre ellos con hostilidad y con rivalidad, pero todos tenían un objetivo común. Acceder al Imperio, romanizarse, formar parte del mundo civilizado. Formar parte de Roma, disfrutar de la cultura, ser ciudadanos romanos, vestir como romanos, tener derechos. No es una estampa antigua. Hoy vemos algo semejante en los pueblos que emigran hacia las grandes civilizaciones en busca de trabajo, de derechos, de ciudadanía.

Los pueblos bárbaros admiraron el Imperio de tal manera que lo convirtieron en un ente místico. Algunos se decidieron a entrar y lo hicieron como mercenarios, para formar parte de un ejército organizado al que admiraban y temían; otros, cuando consiguieron entrar, lo hicieron como confederados, como aliados inferiores de una entidad superior. De hecho, ninguno de los pueblos germanos que consiguieron dominar y gobernar el Imperio se coronó emperador, sino rey y, cuando Carlomagno se atrevió a llevar la corona, lo hizo como gobernador del Imperio, no como emperador[6] y dicen que se coronó aprovechando la circunstancia de que el trono

---

[6] Existen actas y documentos emitidos en Rávena a partir de 801, un año después de la coronación de Carlomagno, que indican claramente *Gobernans imperium* y no *Imperator*.

Los pueblos germanos fueron unas veces dominados
por Roma, otras, se integraron en el Imperio como
mercenarios y otras, resultaron sus vencedores.
Thor, dios de los vikingos, de Màrten Eskil Winge (siglo XIX).

Los bárbaros que se apoderaron del Imperio no se atrevieron a coronarse emperadores, sino reyes. El mismo Carlomagno firmaba como gobernador del Imperio no como emperador.

imperial estaba vacante, ya que lo ocupaba Irene, la emperatriz de Oriente que había usurpado la corona a su hijo. El Imperio no podía tener dos cabezas porque el emperador representaba a Dios en la Tierra y una mujer, por mucho que se hubiese coronado emperatriz, no podía representar a Dios[7].

Pero estamos en el año 370 y los hunos cabalgan hacia Ucrania, en la antigua Escitia, donde se asientan los godos y los alanos, en las interminables llanuras situadas al otro lado del que los griegos consideraron límite natural entre Europa y Asia, el río Don, entonces llamado Tanáis. La feracidad de aquellas tierras ofrece abundancia de pastos y frutos todo el año lo que les permite alimentar a sus ganados sin más esfuerzo que mover sus carromatos y trasladarse al lugar próximo, donde las tierras aún no han sido agostadas. Cuenta Amiano Marcelino que los alanos «no siembran, no tienen agricultura, no se alimentan más que de carne y, sobre todo, de leche y, con el auxilio de carros cubiertos con cortezas, cambian incesantemente de paraje a través de llanuras sin fin. En cuanto llegan a un punto a propósito para los pastos, colocan los carros en círculo y devoran su salvaje comida». Los

---

[7] El primer emperador de Occidente que obtuvo el reconocimiento del emperador de Oriente fue Otón I quien lo consiguió de Juan Zimisces, ya que ambos se necesitaban y llegaron a un acuerdo. Un representante de Dios pudo, en tal caso, admitir la existencia de otro. Para este tema, véase mi libro *Papisas y teólogas* publicado también por Nowtilus.

hemos visto acampados con sus carros en círculo y tocados con gorros cónicos. El historiador los describe como altos, hermosos y belicosos, que adornan las crines de sus caballos con el cabello arrancado al enemigo, su mayor honor es morir en el campo de batalla y su dios es una espada desnuda clavada en el suelo.

Son valientes y aguerridos pero han caído bajo los hunos y no tienen más remedio que unirse a ellos. Eso o morir. Los hunos necesitan incrementar sus tropas hasta convertirlas en un gran ejército porque Rusia no es más que la frontera del Imperio y es el Imperio lo que anhelan.

No se sabe si es leyenda o historia, pero se cuenta que los hunos no habían planificado cruzar el Don, el antiguo Tanáis, río que les separaba de la desconocida Europa. Y dicen que se debió a una casualidad el hecho de que unos cazadores hunos encontrasen un vado por el que poder atravesarlo a pie, posiblemente cerca de la desembocadura, en alguna zona pantanosa. Desde el momento en que pusieron pie al otro lado del río, se cuenta que una ola de destrucción barrió todo el espacio comprendido entre el río y el territorio de los alanos. Después de tres duras guerras, terminarían con la resistencia de los alanos y conseguirían someterlos, aparentemente, por puro agotamiento.

A continuación, caerán sobre los godos situados al oeste del Don. Los hemos visto llegar desde el norte, alcanzar las riberas del Elba y el Oder y las regiones del bajo Danubio. No son nómadas, sino agricultores y pastores, son gentes de aldea, no de campamento. Llevan siglos en contacto con Roma y esa vecindad los ha civilizado. Tienen una monarquía estable y son poco inclinados a cambiar de territorio. Sin embargo, se han trasladado a Occidente siguiendo el sueño romano, el sueño surgido de su larga vecindad con Roma. También quieren entrar en el Imperio.

En el año 375, el avance inexorable de los hunos los ha convertido en un pueblo aterrado que busca desesperadamente la manera de ponerse a salvo tras las fortificaciones del Imperio. Ya no quieren entrar por la puerta grande, sino simplemente entrar. En su huida, atraviesan como pueden el Danubio, incluso a nado, y muchos perecen en el agua.

Llegan los hunos, «enardecidos con el aumento de sus fuerzas y caen como el rayo sobre las ricas y numerosas comarcas de Hermanarico, príncipe belicoso, que se había hecho temer de sus vecinos por sus numerosas hazañas». Así lo cuenta Amiano Marcelino. Ya por entonces los hunos habían reunido una muchedumbre formada por los pueblos a los que sometían y obligaban a reconocer su autoridad.

Hermanarico, rey electo de los ostrogodos, se enfrentó a los aterradores hunos durante algún tiempo, pero su resistencia no fue muy duradera. Reunió a sus huestes para ver la forma de ponerse a cubierto de un enemigo tan temible, pero aquel momento de pánico fue aprovechado por el bellaco de la historia, al que los cronistas suelen culpar de las grandes tragedias.

Amiano Marcelino cuenta, como dijimos, que Hermanarico se suicidó al no ser capaz de dominar su miedo al invasor. Pero hay otras versiones que cuentan que el rey ostrogodo vivió hasta los 110 años de edad y que no consiguió vencer al invasor debido a la debilidad de su cuerpo que arrastraba desde tiempo atrás víctima de una venganza.

Jordanes, historiador romano de origen godo que vivió en el siglo VI y fue funcionario en la corte de Justiniano, recogió relatos, canciones e historias que circulaban de boca en boca y escribió una obra titulada *Origen y hechos de los godos* o *Saga de los godos*, en la que narra cómo Hermanarico había condenado a una muerte atroz a Sunilda, la esposa de un caudillo rosomono y sus hermanos la vengaron hiriéndole de manera que el rey nunca se repuso de aquella herida. Debilitado Hermanarico a causa de su herida, le faltaron las fuerzas para resistir el ataque de Balamber (o Balamero), el caudillo huno, quien, como ya vemos que viene sucediendo en la Historia, aprovechó esa debilidad para vencer y someter a los ostrogodos, a los que convirtió en aliados forzosos.

LA SAGA DE LOS GODOS

Los godos vivieron muchos años cerca de Roma, pero Roma solamente los tuvo en cuenta cuando comenzaron a constituir una posible amenaza para la paz y la integridad del Imperio.

Procedían de Noruega. Muchos pueblos nórdicos abandonaron sus tierras heladas para buscar lugares más cálidos en los que establecerse, dirigiéndose, por tanto, hacia el sur. En el año 257, los godos llegaron a Crimea, en el mar Negro, un lugar templado y agradable en el que entraron por primera vez en contacto con la civilización y la cultura de Roma, lo que les fascinó y desde entonces solamente desearon formar parte de aquel mundo prodigioso. Aquella fue, de momento, una larga etapa en su camino pues parece que llegaron hasta ella procedentes de Polonia.

Establecidos junto al Imperio, los godos construyeron fortalezas sobre las rocas para defenderse de los otros pueblos germanos y, cuando se aliaron con los romanos, para proteger al Imperio de invasores. Ellos nunca pensaron serlo. La prueba de ello es que no solamente construyeron fortalezas, sino que tallaron viviendas y calles en las rocas de Crimea y cultivaron viñedos y hortalizas. Se han encontrado más de 500 chozas godas en Europa del este. Por eso sabemos que fueron campesinos y pastores. Y, cuando los hunos y otros invasores quisieron atacar al Imperio, se encontraron a los godos actuando como escudos humanos para proteger a sus poderosos y admirados aliados.

Además, se convirtieron al cristianismo y se hicieron bautizar, porque la religión cristiana era la religión oficial del Imperio desde que Teodosio el Grande así lo ordenara. Por tanto, dado que el emperador romano era el sumo pontífice de la Iglesia cristiana, ser cristiano equivalía a ser civilizado y eso podría incluso llegar a equivaler a ser romano. Sin embargo, el cristianismo estaba entonces dividido en diversas sectas que pugnaban por llevar la Verdad con mayúsculas en su estandarte y consideraban heréticas a las otras. Una de las herejías más extendidas fue la de Arrio, que no aceptaba el hecho de que pudiera haber tres personas en un solo dios, negando la procedencia divina de Jesús. La herejía arriana resultó mucho más fácil de comprender para los bárbaros que el complejo misterio de la Santísima Trinidad, por lo que la mayoría de ellos, los godos, los lombardos y muchos otros, prefirieron el arrianismo al cristianismo propugnado por Roma. Recordemos que los reyes visigodos españoles fueron arrianos hasta Recaredo.

La nueva cultura de los godos tomó muchas facetas de Roma. Eligieron como símbolo el águila, por ser un animal que vuela alto hacia el cielo y para ellos representaba la libertad. Se han encontrado numerosas hebillas de cinturón, fíbulas y otras joyas con figura de águila. Recordemos que el águila fue el animal simbólico de los chamanes de muchas religiones antiguas, puesto que se encargaba de llevar a los cielos las almas de los elegidos. El águila era también el estandarte de Roma desde tiempos de Mario.

En el año 280, los godos se habían dividido en dos grandes grupos distribuidos geográficamente. Los ostrogodos que fueron los que hemos visto establecerse junto al mar Negro, y los visigodos, que se dirigieron al Danubio, a lo que hoy conocemos como Transilvania, en Rumanía. Aquel fue su hogar permanente durante tres generaciones. Construyeron casas de madera, no de piedra como las que construían los romanos, sino similares a las que se construyen todavía en los países nórdicos. Así fueron también las casas y palacios de los vikingos. Eran edificios amplios construidos con troncos de árboles toscos, que daban cobijo a personas y animales. La convivencia les permitía comunicarse calor mutuamente.

Su religión, antes de adoptar el cristianismo, era politeísta y adoraban a dioses similares a los demás pueblos germanos, dioses que por cierto no se recluían entre cuatro paredes, sino que moraban en los bosques, en cuyos claros se les adoraba y se les ofrecían sacrificios.

Y, si queremos una tercera versión de la muerte de Hermanarico, podemos acudir a las crónicas de Alfonso X el Sabio, según el cual este rey godo murió en combate tras enfrentarse repetida y valientemente con los hunos.

Fuera cual fuera el momento, la causa o la forma de su muerte, lo cierto es que la desaparición de Hermanarico entregó a los hunos el poder sobre los ostrogodos que, desde entonces y hasta que Teodorico los llevó a conquistar Italia, fueron sus aliados y estuvieron sometidos a ellos.

Finalmente, los ostrogodos se alían con los hunos y pasan a engrosar lo que ya es un ejército. Los francos, que recorrían la Galia

Teodorico el Grande

Teodorico el Grande, rey ostrogodo, se coronó rey de Italia en el siglo v. Tras la desaparición de los hunos, los ostrogodos se habían asentado en Yugoslavia y el emperador bizantino, Zenón, temiendo la amenaza que suponían para el Imperio, animó a Teodorico a que conquistase toda Italia. Roma había seguido más de una vez la política de enfrentar a sus enemigos entre sí y espolear a los unos contra los otros. En aquel caso, tal política fue un acierto, hasta el punto de que Teodorico se identificó con la cultura romana, vistió la toga por consejo del emperador Zenón y nombró consejeros a dos romanos nobles y cultos, Boecio y Casiodoro.

Pero Teodorico no logró su propósito porque no intentó unificar los restos del Imperio de Occidente, sino que quiso crear una confederación de estados germanos. Su lema fue «renovar lo romano, construir lo godo». Se lo impidió el rey de los francos, Clodoveo, quien no se mostró dispuesto a formar parte de otro reino ni estado, sino de regentar el suyo propio.

A su muerte, por ser arriano, se le condenó al borrado de todo su recuerdo (*damnatio memoriae*), se eliminaron todos sus retratos, incluyendo los que aparecían en los mosaicos de los palacios e iglesias que hizo construir en Rávena, la entonces capital del Imperio de Occidente. Sin embargo, reinó con justicia y bondad y dejó un legado arquitectónico que incluye palacios, iglesias y un baptisterio.

El ostrogodo Teodorico el Grande fue rey de Italia entre los
siglos V y VI. A su muerte, a pesar de que se borró su memoria
por ser arriano, dejó un importante legado en Rávena.
Mosaico de su palacio. Italia.

considerándola su tierra, también se aprestan
a unirse a los hunos, porque temen a aquellos
jinetes inhumanos, rápidos y feroces.

Es un gran ejército el que finalmente se
aproxima a la frontera romana, un ejército de
hunos, alanos, ostrogodos y francos. Delante,
despavoridos, cabalgan los vándalos hostigando
a los alamanes. Unos empujando y otros empujados, todos van a arrojarse en tropel sobre
Roma.

Algunos autores comentan que es incluso
probable que el caudillo huno que impulsó

aquel ejército hacia Occidente ni siquiera haya existido y que los propios ostrogodos lo hayan inventado para dar un nombre a quien llegó a gobernarlos, aunque admitiendo que se dejaron dominar voluntariamente por salvar la vida a la población. Tenían que justificar su miedo. Y, sin embargo, otros mencionan el casamiento del caudillo huno Balamber con Valdamarica, nieta del rey ostrogodo Vitimiris, sucesor de Hermanarico. Lo que sí sabemos es que los ostrogodos quedaron ligados a los hunos por algún tipo de vasallaje y que solamente se liberaron de su mandato a la muerte de Atila, en el año 453.

JUNTO AL RÍO SIRET

Pero no todos los ostrogodos quedaron como tributarios de los hunos, sino que se dividieron a la muerte de Vitimiris, el sucesor de Hermanarico. Una parte, la mayoría, quedó junto a los hunos y la otra decidió lo contrario, es decir, alejarse de ellos. Los que se convirtieron en aliados de los hunos lo hicieron bajo el mando de Hunimundo. Los demás, los que decidieron alejarse de los temibles nómadas de las estepas, se dejaron conducir por dos caudillos, Alateo y Safrax (o Safro), quienes los guiaron hacia la frontera de su propio territorio, el río Dniéster, donde se asentaban los otros godos, los visigodos.

Pero parece que no hubo encuentro entre ambos grupos, porque tanto los ostrogodos

Los hunos cayeron en tropel sobre los pueblos establecidos junto a las fronteras del Imperio y los convirtieron en una muchedumbre despavorida que se arrojó sobre Roma.

Fueron, por tanto, los responsables de la caída del Imperio romano de Occidente. Vía del Pattinaggio, Roma. Italia.

llegados con Alateo y Safrax[8] como los visigodos acaudillados por su rey Atanarico, se eludieron mutuamente. Ambos se mantuvieron a cada lado del río Dniéster que era, precisamente, la frontera natural que los separaba desde siglos atrás. Entonces, los visigodos (en alemán *westgoten*, godos del oeste) se habían asentado en Dacia, entre los ríos Danubio y Dniéster, mientras que los ostrogodos (en alemán, *ostgoten*, godos del este) se asentaron al este y de ahí precisamente sus nombres.

Hasta allí llegaron los hunos persiguiendo a los ostrogodos que no aceptaron formar parte de sus huestes. Y allí los esperaba Munderico con un ejército de visigodos, pero los hunos, sagacísimos y rapidísimos, advirtieron la maniobra y evitaron al contingente visigodo, dando un rodeo para atravesar el río durante la noche y caer por sorpresa sobre Atanarico que mandaba el grueso del ejército.

Pero Atanarico consiguió huir a través de un espeso y oscuro bosque que ocultó sus huellas, se dirigió al sur e hizo construir una fortificación defensiva a lo largo del río Hierasus[9]. Tras él llegaron los hunos dispuestos a atravesar el río, pero llevaban una enorme impedimenta que retrasó su marcha. Y no precisamente una impedimenta constituida por armas militares, sino un tremendo botín que arrastraban y

---

[8] Según algunos autores, el nombre de Safro (Saphrax) no es de origen godo, sino probablemente huno, lo que pudiera indicar la presencia de mercenarios hunos entre las huestes godas.

[9] Hoy Siret, afluente del Danubio entre Rumanía y Ucrania.

Los ostrogodos y los visigodos se establecieron a ambos lados
del río Siret, un afluente del Danubio que separa Rumanía
de Ucrania, y lo utilizaron como frontera natural. Los dioses
de los ríos se encargaban de protegerles.
Cabeza de dios fluvial romano.

que les hizo llegar tarde a la cita, cuando ya Atanarico había conseguido levantar la fortificación hasta la desembocadura del Hierasus en el Danubio. Eso fue lo que, según cuenta Amiano Marcelino, libró a los ostrogodos de una verdadera masacre.

El terreno que acogía a los godos refugiados de la persecución de los hunos era limitado y, comoquiera que cada vez era mayor el número de personas que allí se asentaba, primero visigodos, después ostrogodos y finalmente gépidos, llegó un momento en que la presión desbordó los límites y terminaron por dispersarse y huir en distintas direcciones, aunque, dado que todos los caminos conducen a Roma, todos se encontrarían antes o después en las fronteras del Imperio, junto al Danubio. Allí se detuvieron un momento a considerar no ya las riquezas que se extendían ante ellos, sino el amparo que las fronteras romanas podían ofrecerles frente a la amenaza de los hunos que nunca dejaron de perseguirles.

Mientras, los ostrogodos que no habían seguido adelante continuaban en las estepas sármatas bajo el control del rey huno Balamber y el gobierno del ostrogodo Hunimundo, pues parece que los hunos permitían a los pueblos dominados cierta independencia y libertad de acción bajo sus propios caudillos y leyes. Pero los hunos no permanecieron quietos, sino que, al tiempo que perseguían a los godos que no se habían sometido, impulsaban a los sometidos hacia delante, hacia Occidente, lo que condujo a los godos de Hunimundo a la actual

Transilvania, donde chocaron con los habitantes de aquellas tierras, los gépidos, los vándalos y otros pueblos menores. Esto sucedió entre los años 380 y 400 y fue el movimiento migratorio que arrojó una gran cantidad de tribus y pueblos sobre la frontera romana.

EN EL DANUBIO

Cuando Atanarico firmó la paz con el emperador Valente, en el año 369, pareció que el mundo había logrado un equilibrio tras largo tiempo de luchas que agotaron a ambos bandos y terminaron con los recursos económicos del Imperio. Un equilibrio que no duró más que seis años y no porque cualquiera de las partes rompiera el pacto, sino por la ya mencionada puesta en escena de los hunos.

La alianza de los godos con Roma databa de tiempos de Constantino el Grande, quien pactó con ellos en el año 332, probablemente por considerar que podían constituir un importante refuerzo de la frontera fortificada a lo largo del Danubio, el limes romano. A cambio de esa protección, los godos cobraban algún subsidio de Roma. Ya hemos visto que los pueblos germanos empezaron por integrarse en el Imperio como mercenarios[10].

---

[10] Amiano Marcelino, que fue general del ejército de Roma en el siglo IV, describe las tropas romanas de su época y cuenta que había regimientos formados exclusivamente por tropas bárbaras, germanos, sármatas, armenios, íberos, alanos, etc.

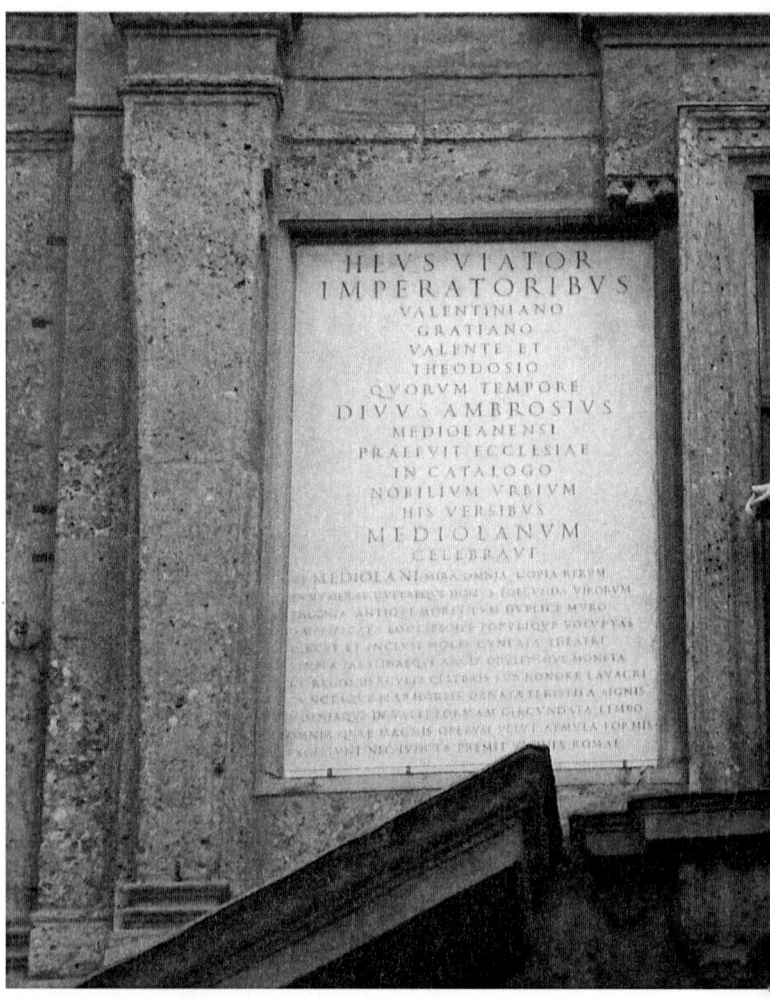

El emperador Valente permitió la entrada de los godos en el Imperio, pero no previó la catástrofe que eso podía suponer.

PALATINAS
DILAPSAS AEDES
AVSONI SIMVLACHRO
ET CARMINE
RESTITVTIS
PETRVS GEORGIVS
BVRRVS
VRBIS PRAEFECTVS
AC XII AEDILES
OBIECTAM AEMVLATI
MAGNIFICENTIAM
EX LX DECVRIONVM
DECRETO
INSTAVRANT
MDCXLV

Monumento al historiador Decimo Magno Ausonio, de Giovan Pietro Lasagna, con los emperadores sobre los que escribió, entre ellos, Valente. Milán. Italia.

Un encuentro histórico en un lugar neutral

No todos los godos fueron admiradores de la cultura romana. Atanarico, por ejemplo, no sentía ninguna simpatía por el Imperio, sino que más bien despreciaba a los romanos. Sabemos de él que fue rival de Frigiterno y que fue rey de los godos hasta 381. La primera noticia de su existencia data del año 369, cuando tuvo lugar un encuentro histórico entre este rey godo y el emperador romano de Oriente, Valente, en una isla situada en mitad del Danubio. Hacía tres años que guerreaban sin tregua y ninguno era capaz de vencer al otro. Eso fue lo que les llevó a reunirse, aunque a regañadientes, para llegar a un acuerdo de paz y para ello eligieron un lugar neutral, en medio del Danubio. Recordemos que el Danubio servía de frontera entre Roma y los pueblos germanos.

Atanarico exigió la paz y vías de comercio libre con Roma y Valente acordó la paz y prometió abrir brechas en la fortificación de las fronteras para que las mercancías pudieran circular.

Los ostrogodos se aliaron con los hunos y lucharon junto a las tropas de Atila en la batalla de los Campos Cataláunicos, en Francia, mientras que los visigodos, que nunca aceptaron alianzas con los hunos, permanecieron junto a Roma y lucharon con las tropas del general Aecio contra Atila. Tras la tremenda derrota, los ostrogodos quedaron al servicio de Atila hasta que Teodorico los llevó a conquistar Italia.

En cuanto a los visigodos, vivieron en paz con Roma junto al Danubio hasta que los hunos los empujaron sobre el Imperio. Más tarde terminarían por establecerse al sur de Francia, donde creyeron hallar, por fin, la tierra prometida, el paraíso de Muspelheim que Alarico creyó haber encontrado en Italia. No durarían mucho, porque pronto vinieron los francos a disputarles las tierras y hubieron de emigrar a Hispania, donde los podemos encontrar reinando durante siglos, con Toledo como capital, hasta que los árabes los relegaron al norte.

Pero parece ser que el emperador Constancio, que andaba escaso de fuerzas y fondos, no pagó a tiempo la cantidad ajustada, según algunos autores, poniendo el pretexto de que los godos habían atacado a los sármatas y eso dio lugar a un encontronazo que tuvo lugar hacia 348, cuando los godos atravesaron el Danubio para reclamar su dinero y tropezaron con las fuerzas romanas. Constancio tuvo finalmente que reanudar el pacto de no beligerancia.

Más tarde, ya en tiempos del emperador Valente I (en Oriente, en Occidente, el emperador era Graciano), se produjeron nuevos enfrentamientos entre godos y romanos, debido a malentendidos y cambios de alianzas. En 370, Valente los derrotó y, junto con la derrota, perdieron el subsidio.

En el año 376, presionados como hemos visto por los hunos y por todos los pueblos y tribus que estos empujaban ante su avance, los godos volvieron a cruzar el Danubio. Aquella vez, el emperador Valente, olvidando viejas rencillas, les permitió atravesar el río porque los godos no buscaban oro ni poder, sino simplemente amparo. Además, según narra Amiano Marcelino, no exigieron la entrada en los territorios del Imperio, sino que solicitaron humildemente ser acogidos por Roma. Al fin y al cabo, eran aliados desde antiguo.

Esto sucedió en otoño del año 376 y fueron unas 200.000 personas las que pidieron asilo, de forma ordenada y gobernados por dos caudillos, Alavivo y Frigiterno. Desde la orilla izquierda del Danubio, enviaron legados al emperador Valente prometiéndole establecerse de forma pacífica dentro de las fronteras y auxiliar al Imperio en cuanto fuera necesario.

La noticia llegó a Valente al mismo tiempo que otra más inquietante de la cual, por cierto, ya se tenía conocimiento desde tiempo atrás, pero de ella había hecho Roma hasta entonces oídos sordos. Inmensas muchedumbres vagaban desde cierto tiempo atrás por el norte, aparentemente impulsados por un motor hasta entonces desconocido y, en su huida y su vagabundeo, habían ido llegando a la orilla del Danubio. Estaban allí, sin duda, pero para los romanos, la barrera defensiva que representaban los godos era prácticamente infranqueable y no tomaron medidas frente a la nueva amenaza. Es más, ni siquiera vieron la amenaza, sino más bien un nuevo ingreso para el Imperio, nuevos soldados para el ejército y nuevos impuestos para las arcas imperiales. Efectivamente, si las provincias debían aportar un número de soldados determinado y aquellos soldados ya no eran necesarios puesto que había suficientes bárbaros para completar las legiones, la aportación se convertiría en dinero contante y sonante para el tesoro de Roma. Una bendición.

Esta fue, al menos, la percepción de cierto sector de la nobleza romana, pero hubo otros más suspicaces o simplemente menos inocentes que dieron la voz de alarma, llegando a modificar la imagen de los recién llegados que pronto dejaron de ser los que venían a engrosar el ejército y hacerlo invisible para convertirse en los que venían a destruir el Imperio. Y así fue.

Temerosos, por tanto, los romanos se apresuraron a enviar agentes al lugar de paso del Danubio, con la orden de transportar a la orilla derecha, donde se les podría vigilar, a todos aquellos que se hallaran en la orilla izquierda, donde podrían organizarse para atacar, no permitiendo que quedara absolutamente nadie al otro lado, aun cuando se encontrara gravemente enfermo o herido.

Así fue como los godos se amontonaron en barcas, almadías e incluso troncos de árboles ahuecados para atravesar el Danubio, con tales prisas, los unos por ponerse a salvo de los atacantes y los otros por tener a buen recaudo a los bárbaros, que muchos de ellos se lanzaron al agua intentando cruzar el río a nado, pero la fuerte y rápida corriente resultó mucho más nociva que los temidos hunos. Cuenta Amiano Marcelino que muchos de ellos se ahogaron en la travesía.

Los ejércitos romanos fueron insuficientes para detener el avance de los pueblos germanos que se abalanzaron sobre el Imperio.

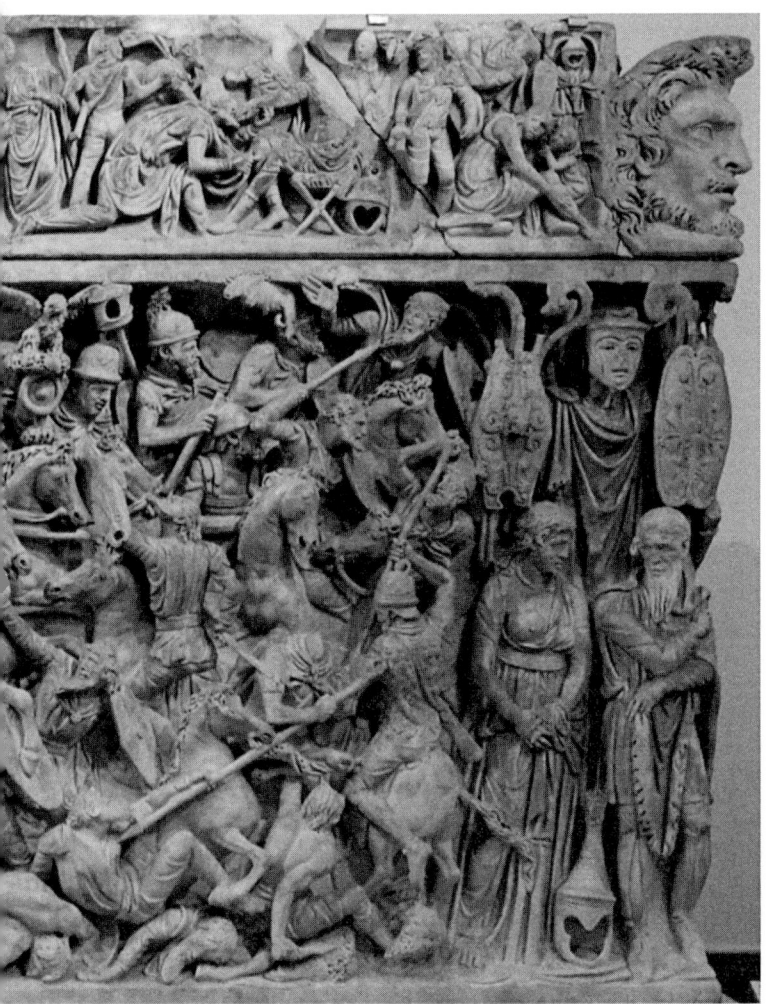

Batalla de romanos y bárbaros (posiblemente la de
Teotoburgo), en el sarcófago Ludivisi (siglo III).

117

Mientras los godos y los demás bárbaros cruzaban el Danubio, los enviados del emperador se apresuraban a contarlos para realizar el censo y saber cuánta gente se introducía en Roma o, lo que es lo mismo, a cuántos había que mantener bajo vigilancia y para cuántos había que prever intendencia. No queda claro pues sucedió como sucede actualmente en los recuentos que se efectúan en las manifestaciones y huelgas multitudinarias. Parece que la cifra oficial fue, según Eunapio, de 200.000 personas en total. Otros señalan una cifra menor, incluso comprendiendo a los no combatientes y, otros, como es lógico, aún mayor. El historiador Jacques Pirenne, entre otros, habla de 100.000 godos moviéndose dentro del Imperio y dirigiéndose al sur.

Fuera cual fuera la cifra real de godos, lo cierto es que el emperador Valente no contaba ni con suficientes soldados en su ejército ni con la necesaria organización ni con estrategia militar adecuada para mantener a raya a toda aquella muchedumbre. Para pacificarlos, les concedió las tierras situadas al norte de los Balcanes, pero pronto se les vio correr hacia el sur, pillando y saqueando Tracia, Mesia y el resto de los Balcanes.

A LAS PUERTAS DE CONSTANTINOPLA

Hemos visto a los godos desmandarse dentro de las fronteras del Imperio. No lo hicieron por codicia, como muchos autores opinan, sino, si hacemos caso de lo que cuenta Amiano Marcelino, por hambre.

No son modernas las repugnantes costumbres de lucrarse con la ayuda humanitaria cuando se produce una catástrofe. Los romanos también sabían hacerlo y les costó caro.

Al principio, los godos eran una muchedumbre ansiosa y angustiada, que suplicaba asilo y así lo reconoció Valente, asignándoles víveres para su manutención durante un tiempo, pero ya se ocuparon dos militares, Lupicino y Máximo, de recortar la cantidad que habría de llegar a manos de los bárbaros y de sacar el mayor partido posible a la ayuda asignada por el emperador, llegando incluso a recoger perros y a venderlos a los hambrientos a cambio de esclavos, a razón de un esclavo joven por cada perro muerto, así al menos lo cuenta Amiano Marcelino. La codicia de los romanos (al menos de los desaprensivos e irresponsables) llegó además a permitir a los godos mantener sus armas a cambio de gozar de sus esposas e hijas[11]. Sin duda las mujeres germanas han sido siempre muy apreciadas por los latinos. Recordemos los mitos de las suecas en la España de los años 60.

Burlados, hambrientos, desesperados y armados, los godos se convirtieron en una muchedumbre sumamente peligrosa que empezó por saquear, como hemos dicho, Tracia, Mesia y los Balcanes, siguió por

---

[11] También es probable que les permitieran conservar sus armas porque el Imperio los necesitaba para luchar contra los hunos.

derrotar a las huestes imperiales en Adrianópolis y terminó por plantarse ante las mismas puertas de Constantinopla, la capital del Imperio de Oriente, en el año 378.

Antes, al poco tiempo de entrar en Roma y a causa de la corrupción de los militares romanos, los godos se habían convertido de demandantes de protección en un tropel amotinado y brutal, que recorría las provincias en busca del desquite. Todavía hubieron de pasar algunos años hasta conseguirlo, pero ya entonces parece que juraron no detenerse hasta conseguir dominar el último rincón del Imperio. La resistencia de Roma se quebraría tiempo después por la parte más débil, por Occidente.

En el año 377, parece ser que los godos llegaron a aliarse con sus antiguos perseguidores, los hunos, y con sus antiguos perseguidos, los alanos, que habían conseguido organizarse y atravesar el Danubio para atacar la retaguardia romana por el este. Y en el 378, los godos y sus aliados hunos y ávaros derrotaron al hasta entonces invencible ejército de Roma en Adrianópolis. Una derrota que fue acompañada por la muerte del emperador Valente I que cayó en la batalla esperando inútilmente los refuerzos que debían llegar del Imperio de Occidente, retrasados a causa de los ataques de los hunos que interceptaron su marcha hacia Oriente. Y dicen que el emperador, herido, se refugió en una casa de campo y allí murió quemado. En aquel momento trágico fechan muchos autores el inicio de la desaparición del Imperio romano.

Los godos y sus ya aliados hunos y alanos llegaron en su avance hasta las puertas de Constantinopla, pero les faltó conocimiento y estrategia militar para tomar la ciudad. También Atila se estrelló contra la muralla.

Entonces, los godos no fueron capaces de tomar Constantinopla, pese a su envalentonamiento, a su furor y a su fuerza. Les faltó experiencia en asedios, estrategia militar y conocimiento del arte de la guerra. Y les faltó, además, conocimiento del arte de la supervivencia, porque después de arrasar, pillar y quemar cuanto encontraron a su paso, se encontraron sin recursos para mantenerse, sin cultivos ni rebaños de los que proveerse. No supieron abastecerse y terminaron vagando hambrientos, porque no habían aprendido a comerciar y a negociar. Para poder comer, muchos de ellos desertaron de las tropas bárbaras y se unieron a los ejércitos de Roma, otra vez como mercenarios.

Los godos fueron aliados de los romanos y se comportaron como soldados disciplinados, hasta que las cosas se torcieron y se convirtieron en feroces enemigos. Estatuas de reyes godos en la Plaza de Oriente, Madrid. España.

Aquella vez, en el año 378, los godos no tomaron Constantinopla. Unos cuantos años más tarde, tomarían la propia Roma. Diez mil hunos pelearían contra ellos como mercenarios de los ejércitos romanos al mando del general Estilicón llamados por el emperador Honorio. Por cierto, Estilicón fue un militar de origen vándalo, según Zósimo.

Antes, en el 382, el emperador Teodosio había firmado con los godos y sus aliados hunos y alanos un pacto de federación similar al que firmara Constantino 50 años atrás, con el fin de que taponasen la frontera del Danubio. El propio emperador los animó a alistarse en las tropas romanas nombrando generales a algunos de sus caudillos.

Con el tiempo, los bárbaros se fundieron con los pobladores del Imperio, pero de forma lenta y larga porque los romanos civilizados sentían repulsión por sus huéspedes obligados. Sidio Apolinar deplora el contacto con la cabellera de los burgundios, perfumada con manteca rancia. En Hispania, el rey visigodo Leovigildo continuó vistiendo trajes confeccionados con pieles hasta que sus súbditos se quejaron de que el olor les resultaba ofensivo.

En esa época, la única mención de la existencia de los hunos en Occidente se encuentra en una carta del obispo Ambrosio al emperador Valentiniano, en la que cita que, en la primavera del año 384, jinetes hunos atravesaron Noricum y Raetia hacia la Galia. Fuera del Imperio, tenemos noticia de que las hordas de los hunos atacaron las tierras de los escitas entre el 385 y el 386, porque hay un edicto para reponer a los cobradores de impuestos huidos ante el ataque. Sabemos también que el emperador Teodosio contó con el auxilio de la caballería de los hunos, mercenarios de su ejército, cuando combatió contra Máximo, en una de las innumerables guerras civiles que ya dijimos que salpicaron la historia de Roma y sus problemas de bicefalia.

Y conocemos la existencia de estos mercenarios hunos, godos y alanos por la alabanza del orador Pacato a los aliados:

Marcharon bajo los jefes y banderas romanas aquellos que antes eran nuestros enemigos, siguiendo las normas que antes habían enfrentado, y ahora como soldados llenaron las ciudades de Panonia que antes habían vaciado con saqueos endemoniados. Los godos, los alanos y los hunos «estuvieron a la altura de su papel», hacían guardias y raramente tuvieron que ser reprimidos. «No hubo tumultos, ni confusión, ni típicos saqueos bárbaros».

4

En Panonia

Merece la pena leer lo que de los hunos escribió
Jordanes, historiador romano de origen godo,
citando como fuente a Paulo Orosio, historiador hispanorromano del siglo v:

> Los hunos, la más feroz de las naciones bárba-
> ras, se levantaron contra los godos. Consul-
> tando la antigüedad, se descubre lo siguiente
> acerca de su origen: Filimer, hijo de Ganda-
> rico el Grande y rey de los godos, el quinto
> de los que les gobernaron desde su salida de
> la isla Scanzia, habiendo entrado por tierras
> de la Escitia al frente de su nación, encontró
> entre sus pueblos a ciertas hechiceras que en
> el lenguaje de sus padres llamó aliorumnas.

La desconfianza que le inspiraban hizo que las arrojase de entre los suyos haciéndolas perseguir por su ejército hasta un terreno solitario. Habiéndolas visto los espíritus inmundos que vagaban por el desierto, se unieron con ellas, mezclándose en sus caricias, y dieron origen a esta raza, la más agreste de todas. Permaneció al principio entre los pantanos, encogida, negra, enfermiza, perteneciendo apenas a la especie humana, y pareciéndose muy poco su lenguaje al de los hombres... Así, pues, aquellos mismos que hubiesen podido resistir a sus armas, no podían resistir la vista de sus espantosos rostros y huían a su presencia, dominados por mortal espanto. En efecto; su tez tiene horrible negrura; su rostro es más bien, si se puede hablar así, masa informe de carne que faz, y sus ojos parecen agujeros. Su firmeza y valor se revelan en su terrible mirada. Ejercen la crueldad hasta con sus hijos desde el día en que nacen, porque empleando el hierro, surcan la mejilla a los varones para que antes de mamar la leche se acostumbren a soportar las heridas. Por esta razón envejecen sin barba después de una adolescencia sin belleza, porque las cicatrices que deja el hierro en sus rostros extinguen el pelo en la edad en que tan bien sienta. Son pequeños, pero esbeltos; ágiles en sus movimientos y muy diestros para montar a caballo; anchos de hombros; armados siempre con el arco y prontos para lanzar la flecha; firme la apostura y la cabeza alta, siempre con orgullo; bajo la figura del hombre viven con la crueldad de las fieras.

Tenemos también la descripción que de ellos hiciera el general e historiador Amiano Marcelino:

Los hunos superan en ferocidad y barbarie a cuanto se pueda imaginar. Viven como animales. No cocinan ni sazonan los alimentos, viven de raíces silvestres y carne macerada bajo la silla de montar. Desconocen el uso del arado, las viviendas sedentarias, casas y chozas. Eternamente nómadas, se han curtido desde la infancia en el frío, el hambre y la sed. Sus ganados les siguen en sus migraciones arrastrando los carros en los que se encierra su familia.

Si los bárbaros fueron para los romanos animales de dos patas, los hunos superaron para ellos cuanta barbarie cabe imaginar. Los describieron como seres infrahumanos espantosos, subproductos de las brujas y los espíritus inmundos.

Y contamos asimismo con los comentarios de Olimpiodoro acerca de la destreza de los reyes hunos para manejar el arco. Olimpiodoro fue el otro historiador romano que viajó al país de los hunos, parece que en el año 412, como más tarde lo hiciera Prisco. Olimpiodoro fue enviado por el prefecto Antemio a una misión junto con Donato, en tiempos de Teodosio II el Joven. No se ha conservado, por desgracia, más que algún fragmento de los textos recogidos por Focio.

JINETES ANTROPÓFAGOS DE ROSTRO INHUMANO

No han pasado muchos años desde que viéramos a los hunos ocupando parte del ejército romano, aliados con alanos y godos. La descripción de Amiano Marcelino es del año 395, precisamente el año en que falleció el emperador Teodosio el Grande, dejando en herencia el Imperio dividido entre sus dos hijos, Arcadio, que heredó la *Pars orientalis*, y Honorio, a quien correspondió la *Pars occidentalis*. El reparto definitivo del Imperio y, con él, del Mediterráneo, se llevaría a cabo en el año 476, cuando el Imperio de Occidente cayera irreversiblemente en manos de los bárbaros, porque el último emperador romano, Rómulo Augusto, hijo, como dijimos, del secretario de Atila, hubo de entregar el trono a una coalición de pueblos germanos al mando de Odoacro, hijo, por cierto, del guardia personal de Atila, Edeco.

El emperador Teodosio el Grande dividió el Imperio entre sus dos hijos, Arcadio y Honorio, ambos jóvenes, débiles y educados en el lujo. Él fue quien hizo del cristianismo la religión oficial de Roma. *San Ambrosio y el emperador Teodosio*, de Anton Van Dyck (siglo XVII).

Fue, por tanto, Teodosio el Grande quien inició el reparto. Téngase en cuenta que entonces, y durante muchos siglos, los reinos e imperios se tenían por propiedad del gobernante y por eso se legaban como parte de la herencia. La división definitiva del Imperio romano dio lugar a inmensas diferencias económicas, culturales, sociales y religiosas, todo ello a favor de Oriente. Allí continuó el progreso y se incrementó la cultura, porque allí se mantuvieron los conocimientos de los clásicos. Allí continuaron subsistiendo Grecia y Roma, en espíritu, en idioma, en cultura y en poder, mientras que Occidente se derrumbó en manos de bárbaros iletrados, zafios e incultos, que asumieron el poder civil y religioso contaminándolo con sus costumbres, sus leyes y sus religiones.

Oriente miró desde entonces a Occidente con desprecio, identificándolo con la oscuridad, la barbarie y el analfabetismo, mientras que Occidente desarrolló una tremenda ambivalencia hacia el otro lado del mundo, una mezcla de admiración, resentimiento y codicia, hasta que, con el pretexto de las Cruzadas, consiguió arrojarse sobre su cultura, su lujo y su oro, y devorarlos en el vergonzoso saqueo de Constantinopla, ya en el año 1204. Entonces, los occidentales se desquitaron de todas las humillaciones, desprecios y abandono a que los sometieron los orientales, empezando por no atender sus súplicas de auxilio cuando se sentían amenazados por los numerosos y variados invasores que atacaron constantemente la parte más débil del Imperio, la occidental.

Pero volvamos a los primeros tiempos del siglo v. Desde Belén, nos llega la carta en que el eremita Jerónimo de Estridón describe la situación del mundo civilizado:

> Innúmeras y ferocísimas gentes han ocupado todas las Galias. Todo lo que hay entre los Alpes y el Pirineo, lo que se encierra entre el Rin y el Océano, lo han devastado vándalos, sármatas, alanos, gépidos, hérulos, sajones, burgundios, alemanes y ¡oh luctuosa república, los enemigos panonios! Las ciudades han quedado asoladas y a las que han sido perdonadas las devasta por fuera la espada y por dentro el hambre.

La fama de los hunos (los enemigos panonios que cita Jerónimo) en aquella época es la de salvajes que comían la carne cruda, tenidos incluso por caníbales con sus enemigos. No cabe duda de que un tropel de jinetes envueltos en una nube de flechas, surgiendo prácticamente de la nada, aterrorizó a los espectadores. Siglos después, también los romanos tuvieron por caníbales a los húngaros, considerados descendientes de los hunos, cuando cayeron sobre la Roma del siglo IX saqueando, destruyendo y arrasando cuanto encontraban a su paso.

Caballo y jinete formaban una unidad inseparable e imbatible por el uso de estribos y sillas, así como su proverbial habilidad con el arco en combate al galope. Sus flechas alcanzaban gran potencia y precisión debido a lo flexible y resistente del arco hecho con madera, tendones de animales y pedazos de cuero.

Los historiadores y cronistas romanos pintaron una imagen aterradora de los hunos. Jinetes infernales sin rostro que devoraban la carne de sus víctimas. *La entrada de los Hunos en Roma*, de Ulpiano Checa (siglo XIX).

Los hunos crearon un imperio en Panonia, en las llanuras de Rumanía y Hungría, y allí quedaron numerosos vestigios de su civilización y de su historia. Entre ellos, numerosas tumbas con cráneos conservados, gracias a los cuales, los antropólogos húngaros han sido capaces de reconstruir el rostro de un huno y así sabemos que tenían la nariz chata, los ojos achinados y los pómulos prominentes, tal como son los individuos de las tribus mongolas actuales. Sin embargo, los romanos y los godos los describen como gentes de semblante monstruoso que tienen una masa espantosa en lugar de rostro y pequeños agujeros en lugar de ojos. Un aspecto, sin duda, extraño para sus enemigos que, si lo unimos a la tremenda belicosidad de los hunos, da como resultado las descripciones más espantables.

Los hunos tuvieron ventaja sobre la caballería romana gracias al estribo inventado en el año 200 en las estepas orientales. Con los estribos, el jinete manejaba su caballo con mayor flexibilidad, por eso pudieron vencer a los romanos. Además, el estribo les dejaba ambas manos libres para acabar con los infantes romanos con un fuego de flechas. El estribo era una funda para los dedos de los pies en lugar de una plataforma colgante como los actuales.

El ejército huno se componía principalmente de arqueros montados y era temido por la efectividad que mostraban con su arma, puesto que disparaban erguidos y al galope, utilizando los estribos como punto de apoyo. Sumado a esta destreza también exhibían una precisión de tiro admirable y gran velocidad de recarga.

LAS ARMAS DE LOS HUNOS

Los hallazgos arqueológicos han permitido reconstruir no solamente el rostro de un huno del siglo v, sino las armas que utilizaban y los arreos de sus caballos. En una tumba hallada en Austria apareció el esqueleto de un soldado germano una de cuyas vértebras alojaba la punta de una flecha de tres alas, la flecha que un huno disparó probablemente sin dejar de cabalgar. En la misma tumba se encontraron varias monedas y una espada pertenecientes al soldado germano muerto, sin duda, en batalla contra los hunos.

En Hungría se hallaron láminas de oro con las que los arqueólogos pudieron reconstruir una buena parte del arco compuesto que empleaban los hunos, el arma prodigiosa que tanto temieron sus enemigos por su alcance y por su gran poder de penetración.

Utilizaron un arco asimétrico, llamado así debido a que sus extremos son de largo diferente, con lo cual, la posición de disparo de la flecha no se sitúa en el centro del arco. Esta parte inferior más corta (la pala inferior), les facilitaba el disparo desde el lomo de sus cabalgaduras. Este arco es superior a otros arcos asiáticos que se fabricaron y hoy se conoce como arco combinado, ya que el material de su bastidor se compone de madera y hueso.

Aunque los hunos se disgregaron después de la muerte de Atila, el grupo étnico principal que habita en las tierras húngaras (los magyares, a quienes la Edad Media consideró sucesores de los hunos), retomó el diseño de este arco y lo ha venido utilizando hasta nuestros días. Actualmente se emplea en demostraciones de destreza deportiva. La característica más relevante del arco asimétrico de los hunos corresponde a la suavidad con que se logra tensar.

Además, con otros fragmentos de oro, los arqueólogos consiguieron reconstruir las bridas de los caballos de los hunos. Así sabemos que emplearon el bocado y también que fueron los primeros en utilizar sillas de montar, para mayor estabilidad, y estribos, sobre los que se empinaban para disparar con más precisión. Estos elementos les permitían disparar sin dejar de galopar, llegando a lanzar hasta treinta flechas por minuto.

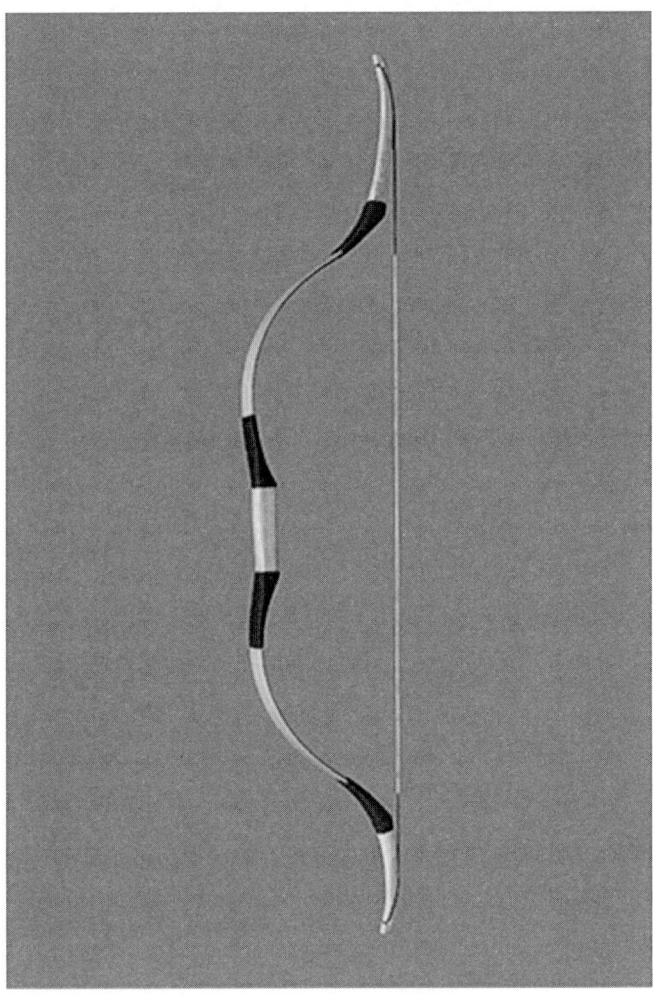

Los hunos desarrollaron el arco asimétrico con verdadera maestría. Esta característica facilitaba el disparo desde el caballo.

Según cuenta Amiano Marcelino, lo primero que observaron (y temieron) los romanos fue la tremenda rapidez con la que aparecían y atacaban las tropas hunas, siempre por sorpresa, siempre cuando menos se les esperaba y siempre a caballo y disparando su prodigioso arco. El arco no era desconocido para los romanos. Ya lo habían visto en las tropas sirias y ellos mismos los utilizaban desde tiempos de Mario, pero nunca lo habían visto manejar con tal velocidad, con tal precisión y con tal alcance, como el que manejaban los temibles hunos. Sabemos también cómo eran los soldados romanos del siglo IV por la descripción del general Amiano Marcelino. Soldados menos disciplinados, pero más flexibles, capaces tanto de servir con desenvoltura en infantería pesada como de formar parte de unidades de hostigamiento con armas arrojadizas y proyectiles, ya que manejaban los dardos, la jabalina, la lanza y la espada.

A todo esto hay que sumar la capacidad de liderazgo de los hunos para mantener a sus tropas preparadas para luchar por sus caudillos hasta la muerte y la gran facilidad de estos para organizar grandes campañas de guerra con compleja estrategia militar. Su forma de luchar, su rapidez y la muerte segura que acompañaba a sus flechas hicieron temblar el mundo occidental durante años.

Las descripciones de Amiano Marcelino y de San Jerónimo no son gratuitas. Fue precisamente en el año 395 cuando se produjo la primera invasión de los hunos en el Imperio.

Era invierno y el Danubio estaba helado, lo que permitió a numerosos hunos cruzarlo y entrar en las provincias romanas donde llevaron a cabo grandes devastaciones. Tracia se llevó la peor parte, ya que sus habitantes soportaron indescriptibles horrores. Lo sabemos por la narración de San Hipatio que visitó a los monjes en Tracia y vio cómo los hunos vagaban por el territorio y saqueaban sin encontrar resistencia. Y cuenta que los monjes, entre ellos el propio Hipatio, tuvieron que edificar fortificaciones para poder defenderse, lo que indica gran falta de medios por parte del gobierno. Hipatio contaría más tarde a sus discípulos que los hunos llegaron a rodear el fuerte que sus 80 monjes habían levantado, «pero Dios protegió a sus siervos y el enemigo fue rechazado»: la narración no tiene desperdicio.

Cuenta que había un agujero en el muro y que uno de los monjes arrojó por allí una piedra que alcanzó a un guerrero huno. Los restantes hunos, sin duda espantados al ver alguna señal ultraterrena, agitaron sus látigos como aviso, montaron en sus caballos y se retiraron. Cuando la lucha cesó, los campesinos, que habían sido saqueados y arruinados, corrieron al monasterio en busca de protección. Esta narración, sin embargo, incluye un detalle que la hace poco creíble. Los hunos no desmontaban jamás de sus caballos y mucho menos para luchar o saquear.

Otra posibilidad que aterró a Jerónimo, a Hipatio y a todos los cristianos fue la de que los hunos tuvieran como objetivo los sagrados tesoros de Jerusalén. Los habitantes de Tiro se habían aprestado ya a defender la ciudad santa, unidos a tropas godas y a soldados romanos. Mientras, toda Asia Menor temblaba ante la posibilidad de un nuevo ataque de los hunos. Nos ha llegado un texto del poeta sirio del siglo IV Cirillonas, que habla de días inquietos, de noticias de infortunios, de conquistas en Oriente y castigos en Occidente. Y su queja:

> Si los hunos nos conquistan, ¡oh, Señor!, ¿por qué me he refugiado con los santos mártires? Si sus espadas asesinan a mis hijos, ¿por qué abracé tu exaltada cruz? Si vas a rendirles mis ciudades, ¿dónde estará la gloria de tu Santa Iglesia?

Por su parte, Claudiano cuenta que Dalmacia temió la invasión después de ver lo sucedido a Tracia y sugiere que invitaron a los hunos a entrar en el Imperio, abriéndoles la puerta antes de que la echaran abajo. Dice, por cierto, que fue Rufino, el prefecto del pretorio, quien lo ordenó.

EL GIGANTE PELIRROJO

Desde que vimos entrar a los godos en el Imperio, asustados, hambrientos y humillados, hasta el principio del siglo V, pasaron muchas cosas. La más grave de ellas fue, sin duda, la humillación del Imperio por parte de los bárbaros y no solo de los godos, sino también de los hunos. Y, sin embargo, no hace mucho que vimos a ambos pueblos luchar codo con codo formando parte del ejército de Roma.

También hemos visto dividirse el Imperio romano heredado por los hijos de Teodosio el Grande. A finales del siglo IV, Arcadio reinaba en Oriente y Honorio, que solo tenía 10 años, en Occidente. Los romanos temblaron ante el peligro que suponían dos jóvenes inexpertos, débiles y educados en el lujo y la prepotencia que no podían entender que existiera un enemigo capaz de enfrentarse a ellos. De ellos, escribió Amiano Marcelino:

> Las riendas del gobierno de las dos mitades del orbe romano, del cual Teodosio fue el último en reinar en solitario, ahora bamboleaban en las manos de sus dos hijos: uno que era una marioneta y el otro un idiota.

El temor de los romanos no carecía de fundamento. Si Teodosio el Grande murió en enero, los godos no esperaron siquiera a la primavera para levantarse en armas contra sus herederos con la excusa, como apunta Edward Gibbon, de que habían dejado de pagarles el subsidio prometido.

Pero no eran ambos hermanos con lo único con lo que el Imperio contaba para defenderse de sus invasores. Afortunadamente, Arcadio contaba en Oriente con su hombre fuerte, Rufino, al que antes acusamos de haber abierto a los hunos las puertas de Dalmacia; mientras, Honorio confiaba el mando de los ejércitos a Estilicón, un general de origen vándalo que tuvo ocasión de demostrar su valía militar. Como era de esperar, ambos validos entraron en competencia con ocasión de la estancia de Estilicón en Oriente, adonde acudió para ayudar a frenar a los godos y donde fue acusado por Rufino de pretender desbancarle. El resultado fue que Estilicón abandonó Oriente y se dedicó a Occidente donde pronto iba a hacer falta y que los godos, sin un militar capaz de cortarles las alas en Oriente, camparon por Grecia a su gusto.

También señala Edward Gibbon que todo se debió a la traición de Rufino, quien pactó con los godos y realizó toda clase de maniobras para permitirles revolverse contra el Imperio. Por ejemplo, nombró en Grecia militares ineptos que no supieron oponerse a que los godos atravesaran Macedonia e invadieran la península.

Esto no hubiera sido un problema si los godos hubieran seguido siendo el tropel que vimos atravesar el Danubio, guiados ciegamente por su obstinación, sin plan ni organización. Pero por entonces, ya había entrado en escena Alarico, un gigante pelirrojo que vestía la lóriga romana y que, además de valiente y fuerte, era audaz y astuto, a lo que añadía la disciplina, la educación y las dotes de mando y estrategia. Por si fuera poco, era cristiano, pero, como todos los godos, había entrado en el cristianismo por la puerta falsa de la herejía arriana, que negaba el misterio de la Santísima Trinidad, algo, por supuesto, incomprensible para los bárbaros.

Con todo ese bagaje, Alarico no tuvo problemas para amenazar al propio emperador Arcadio, toda vez que este se había negado a darle el mando de los ejércitos romanos. Su amenaza consistió en invadir Grecia, como hemos visto, asesinando a los hombres en edad militar y raptando a las mujeres en edad fértil. Y se dio prisa por conquistar Atenas y el puerto del Pireo.

Fue entonces cuando el Imperio de Oriente llamó en su auxilio a Estilicón, pero para entonces ya había pactado Alarico con los ministros bizantinos y había recibido el deseado nombramiento de *magister* de las provincias ilíricas[12].

Había pactado con Oriente, pero no con Occidente. En el año 408, llegaron a Italia. Allí estaba el paraíso. Allí había pastos para los ganados, tierras fértiles y caza abundante para alimentar a todo el mundo. Allí había agua, sol y un clima templado en nada parecido al despiadado clima de su Noruega original de la que ya casi nadie se acordaba.

Es posible que Constantinopla le pareciera una quimera mientras que Roma le pareció alcanzable, bien porque la había visitado dos veces en tiempos de Teodosio el Grande y había tenido ocasión de admirarla y desearla o bien porque sus huestes le reclamaban un botín de territorios y riquezas y ya habían

---

[12] Los *magistri militum* eran los comandantes en jefe del ejército de campaña y pertenecían por lo general a la clase social más elevada. Al controlar el ejército, ostentaban el poder real y eran los verdaderos responsables de los destinos del Imperio.

Alarico

En el año 385, los godos tuvieron que abandonar su asentamiento al sur del Danubio,
donde habían creado un estado dentro del
estado romano. Empujados por los hunos,
expoliadas sus tierras y expulsados de sus
campos, cambiaron una vez más el sedenta-
rismo por el nomadismo para volver a recorrer Europa con sus carros y sus ganados.
Atravesaron los Balcanes, cruzaron Grecia y
se dirigieron al sur de Italia. A ellos se unieron diversos pueblos que asimismo huían del
terror de los nómadas de las estepas y todos
ellos obedecían las órdenes de un caudillo,
Alarico. Alarico prometió llevarles a una
tierra capaz de alimentar a muchedumbre tan
numerosa, a una tierra prometida semejante
a la que Moisés quiso llevar a los hebreos, al
paraíso godo de Muspelheim. Lo encontró
en Italia, pero el emperador Honorio no le
permitió establecerse en ella. El resultado fue
la conquista y el saqueo de Roma, con la huida
de la corte imperial a Rávena, que fue capital
del Imperio de Occidente hasta el final.

Sin embargo, no fueron los godos los que
derribaron Roma, sino que se limitaron a echar
abajo lo poco que quedaba en pie del Imperio
de Occidente. En el año 418, se establecieron
al sur de Francia, se convirtieron en soldados
mercenarios de los ejércitos romanos, crearon
un reino propio y convivieron con romanos
y aborígenes en paz hasta que el Imperio se
deshizo totalmente y vinieron los francos a
arrojarlos una vez más de sus tierras.

Alarico fue el rey godo capaz no solamente de enfrentarse al Imperio, sino de entrar en Roma, la capital, saquearla y relegar la corte imperial a Rávena. Además, se atrevió a llevarse prisionera a la hermana del emperador, Gala Placidia a la que casó con su cuñado Ataúlfo. Fueron los primeros reyes de España. *Alarico*, de Rufino Casado (siglo XIX), Biblioteca Nacional, Madrid. España.

Estilicón fue el general romano de origen vándalo que protegió
al Imperio de los ataques de los godos. Sin embargo, las
intrigas palaciegas le llevaron a la muerte junto con su esposa
Serena, que era, por cierto, prima del emperador Honorio.
Serena, con su marido Estilicón y su hijo Eucerio. *Díptico de
Estilicón*, Catedral de Monza. Italia.

entrevisto en el sur de Italia el paraíso godo de
Muspelheim.

Pero Roma no estaba dispuesta a reci-
birles con los brazos abiertos. El emperador
Honorio, débil y enfermizo, se dejó guiar por
sus consejeros y cuando Alarico le envió un

mensajero pidiéndole permiso para asentarse en Italia, a cambio de someterse a sus leyes y de respetar sus costumbres, Honorio se lo negó. El Imperio no quería bárbaros cerca de su capital. Debían permanecer al otro lado de las fronteras.

Pero la demanda de Alarico no era la súplica de aquella muchedumbre desesperada que vimos inclinarse ante el emperador Valente, sino la exigencia de un ejército disciplinado que conocía las artes guerreras de Roma porque llevaba mucho tiempo luchando a su lado y haciendo, como vimos, de escudo humano entre el Imperio y los invasores. Alarico no se presentó con humildad, sino con arrogancia. No suplicó, sino que exigió, porque la contrapartida era que el más fuerte triunfara sobre el más débil, es decir, la guerra. Empezó en el año 410.

LA CAÍDA DE ROMA

En los años transcurridos desde el paso del Danubio hasta el ensalzamiento de Alarico como rey de los godos, estos habían tenido ocasión de consolidarse como nación. Mientras tanto, poco o nada sabemos de los hunos. Pero sí conocemos los efectos de su furia por el relato de Zósimo, un historiador griego que narró la historia de Roma desde Augusto hasta la caída de la capital a manos de Alarico. También nos dejó el nombre del segundo caudillo huno que conocemos después de Balamber, Uldín.

Por Zósimo sabemos que el 31 de diciembre del año 406, la barrera romana del Rin fue forzada por las tribus de vándalos, suevos y burgundios que se volcarían después sobre el Imperio, produciendo una herida que nunca se cerraría. No eran tribus aisladas ni desorganizadas, eran tribus confederadas al mando de un caudillo germano, Radagaiso, un caudillo temible porque, a diferencia de Alarico, no entendía de leyes ni de costumbres, no conocía la religión, las normas ni el idioma del Imperio. Y tampoco quería entrar por la puerta grande, sino cumplir un sueño que no era el sueño romano: convertir la capital en un montón de piedras y sacrificar a sus dioses sanguinarios a todos los senadores de Roma.

Cayó sobre el Imperio con 12.000 guerreros de élite, pero eso era solo la vanguardia. La retaguardia se componía de 200.000 soldados y otros tantos civiles, entre hombres, mujeres y niños.

Honorio no estaba en Roma, ni tampoco la augusta, su hermana Gala Placidia. Ambos habían huido aterrados ante la amenaza de Alarico y se habían refugiado donde este no pudiera acercarse a ellos. El único lugar del sur de Italia que ofrecía seguridad era Rávena, pero no porque hubiese un ejército capaz de defender a su emperador ni porque la ciudad contase con murallas inexpugnables, sino porque estaba construida en las bocas del Po que formaban una marisma pantanosa de pinares encharcados donde, según le aconsejaron sus ministros, las miasmas y los mosquitos les pondrían a salvo de invasores.

Así fue. Radagaiso pasó de largo por Rávena y se dirigió a Florencia, donde tropezó con las fuerzas de Estilicón que le derrotaron y le dieron muerte. También Alarico pasaría en su día de largo ante Rávena, porque lo que le interesaba era Roma. Lo que no pasó de largo fue la fiebre de los pantanos. Honorio murió en 423, unos dicen que de hidropesía, que era en aquella época una especie de cajón de sastre. Otros, que de fiebres intermitentes.

Pero no fue casualidad que Radagaiso se volcara sobre el Imperio con aquel tropel de pueblos germanos. Recordemos que los godos lo hicieron años atrás empujados y aterrados ante el ataque de los hunos. Y toda aquella confederación de germanos llegó también a las fronteras del Imperio huyendo de los hunos que se dirigían al Báltico, lugar de origen de los numerosos guerreros de Radagaiso. Los hunos se dirigían hacia el Báltico convertidos de nuevo en bestias feroces porque otros mongoles, los yuan yuan, los habían expulsado de sus tierras de Asia, ya que querían todos los pastos para sus ganados.

Una vez más, el impulso surgido en las estepas del Asia Central se propagó del Volga al Vístula oprimiendo a su paso a los suevos, vándalos, burgundios y otros pueblos germanos que hemos visto aunarse para ser más fuertes y abalanzarse sobre Roma. Y, una vez más, la nube negra germana llevaba detrás a los hunos. Pero los hunos no llegaron al Imperio, se quedaron en la orilla del Danubio, fijando su residencia junto a Margus, en Serbia. Recordemos que

Honorio tenía 10 años cuando recibió la corona del Imperio romano de Occidente. Afortunadamente, puso al general vándalo Estilicón al frente de las tropas para defender Roma de los invasores. *Los favoritos del emperador Honorio*, de John William Waterhouse (siglo XIX).

ya habían luchado junto a Roma tiempo atrás contra los godos. Seguían siendo sus aliados porque los historiadores mencionan guerreros hunos peleando junto a Estilicón contra el godo Radagaiso.

A todo esto, las intrigas palaciegas, las envidias y los celos pudieron más que toda la fuerza de Estilicón para mantenerse al frente de los ejércitos imperiales y defender Roma de los bárbaros. Una oscura historia acerca de sus intenciones de usurpar el trono de Oriente (en poder de Teodosio II desde la muerte de Arcadio) para su hijo Euquerio y la imprudente ostentación de su esposa Serena de un collar idéntico al que lucía una imagen de la diosa Vesta escribieron su sentencia de muerte. A él le decapitaron en el año 408 y, a ella, años después, en cuanto Gala Placidia puso su firma como regente en nombre de su hijo Valentiniano.

Y, sin Estilicón para defenderla, Roma cayó en poder de Alarico que permitió a sus soldados saquearla para vengarse del desaire del emperador y, además, cobrar el botín. Esta era la forma más cómoda y barata de pagar a la tropa, pues el saqueo los dejaba satisfechos, les infundía motivación para el ataque y al caudillo no le costaba nada. Él siempre tenía su parte.

La caída de Roma fue en el año 410. Alarico se plantó ante las puertas de la ciudad, que ya habían sido reforzadas por Marco Aurelio tiempo atrás y que el emperador Honorio, asustado, mandó cerrar a cal y canto. Hizo saber, además, a aquel godo pelirrojo y petulante que había miles de soldados romanos al otro lado de las murallas dispuestos a defender al Imperio. Pero Alarico, con una flema casi británica, respondió: «cuanto más espesa es la hierba, más fácil resulta segarla».

Era el mes de agosto, el más caluroso del año y Roma se moría de sed. De sed y de hambre, porque el godo había cortado el suministro de agua y de cereales y aguardaba impasible junto a las puertas de la ciudad. Mientras, en el interior, 60.000 esclavos germanos se levantaban contra sus amos romanos porque llevaban mucho tiempo sufriendo humillaciones y veían llegado el momento de su liberación y de su venganza. Se dice que fueron tales los disturbios que una dama romana mandó abrir las puertas al invasor para evitar males mayores. Es posible, porque Alarico permitió a sus tropas saquear cuanto desearan, pero no quiso destruir ni incendiar aquella ciudad que admiraba desde tiempo atrás, cuando la visitó en compañía de su cuñado Ataúlfo para conversar con el emperador Teodosio. Tampoco permitió profanar los lugares sagrados, incluso concedió amparo a los sacerdotes cristianos y protegió las riquezas de la Iglesia de la codicia de sus soldados. Al fin y al cabo, aunque hereje, era cristiano.

El Imperio romano se circunscribió prácticamente a Oriente, quedando reducida la *Pars Occidentalis* a Rávena y algunas ciudades más, rodeadas por godos, vándalos, hunos y francos. El augusto de Occidente apenas tenía espacio para moverse entre tantos extraños que, además, le amenazaban por todas partes y a los que ya poco podía ofrecer a cambio de alianzas pacíficas.

La caída de Roma conllevó la prisión de Gala Placidia, hermana de Honorio quien, cuatro años más tarde y ante el escándalo de su hermano y de muchos nobles romanos, se casó con Ataúlfo, cuñado de Alarico. Un bárbaro. Pero un bárbaro capaz de ofrecer una alianza duradera y fiable. Ambos se proclamaron reyes de Hispania en Barcelona.

Ataúlfo murió asesinado y Gala Placidia volvió al Imperio junto a su hermano Honorio. Allí se casó con Constancio quien lució la corona imperial a la muerte de Honorio, hasta que la augusta quedó viuda por segunda vez y fue proclamada regente durante la minoría de edad de Valentiniano III. Durante la minoría y durante la mayoría, porque Valentiniano desarrolló una personalidad sumamente débil y únicamente se interesó por jugar y divertirse. Su madre se ocupó de reinar por él pero sus intereses se redujeron a las discusiones religiosas y a los temas místicos, entonces muy de moda entre los intelectuales, que llegaban a las armas debatiendo si Cristo tenía una o dos naturalezas, una o dos voluntades y si María era madre de la parte humana o de la parte divina.

En aquella época, mientras Occidente se defendía de las invasiones, Oriente se dedicaba a pensar, a elucubrar y a debatir esas y otras cuestiones místicas. Los bizantinos eran muy dados a especular y a generar argumentos filosóficos sobre aquellos asuntos tan improbables. De Oriente, pues, surgían cada día nuevas ideas heréticas que ponían en jaque la unidad de la fe y esto era lo que entretenía a los augustos, Gala Placidia y su hijo Valentiniano III en Occidente y sus primos Teodosio II y su hermana Pulqueria en Oriente, distrayéndoles de otros asuntos mundanos. Así, mientras ellos perseguían al hereje de turno o trataban de convencer al eclesiástico contrario de sus verdades, los bárbaros se aprestaban a invadir el Imperio por las fronteras más débiles.

En Oriente parecían bastar las murallas construidas por Teodosio el Grande y terminadas en el año 413, ya en los tiempos de las invasiones. Cuentan que Teodosio II, llamado el Joven, era tan devoto que había convertido el palacio imperial en una especie de convento. Se levantaba cantando himnos sagrados y discurría largo tiempo la forma de descifrar los misterios religiosos. Y no prestaba atención alguna a los asuntos del gobierno, hasta el punto de firmar documentos sin leerlos previamente.

La política de Oriente quedó encomendada a un civil, Antemio, prefecto del pretorio. No solo, sino en combinación con la hermana y la esposa del emperador, Pulqueria y Eudoxia respectivamente. Así se reorganizó el ejército con la total exclusión de los germanos, pero estos se infiltrarían nuevamente en la última época del gobierno de Teodosio II, que fue cuando se recrudecieron los ataques de los hunos, ya con el mismo Atila en cabeza.

En Occidente, es decir, en lo poco que quedaba, el emperador y su augusta madre confiaban en dos altos militares: Flavio Aecio

Gala Placidia, hermana de los emperadores Arcadio y Honorio, fue esposa del godo Ataúlfo, cuñado de Alarico.Ambos se coronaron reyes de Hispania en Barcelona. Este mausoleo de San Vital de Rávena se conoce como Mausoleo de Gala Placidia, sin embargo, fue enterrada en la iglesia de San Nazario.

y Bonifacio, un general de carrera que se había enfrentado en Marsella, en su momento, al ataque de Ataúlfo. En cuanto a Aecio, fue uno de los generales romanos más conocidos de la historia. En su juventud, vivió bastante tiempo con los hunos, lo que le permitió no solamente conocer su modo de pensar y de luchar, sino aprenderlo, pues fue entre ellos donde realizó parte de su aprendizaje militar. Por aquel entonces, los hunos, acaudillados por Rugila y establecidos en Panonia, donde crearían su imperio después de arrojar de allí a los godos, eran amigos y aliados de Roma (a cambio de un tributo) y Aecio fue uno de los jóvenes que el Imperio envió como rehenes, para garantizar la alianza establecida. Pero, cuando los hunos dejaron de ser amigos y se convirtieron en enemigos, Aecio resultó un militar sumamente válido, dado precisamente su conocimiento de las armas y del arte de la guerra que aquellos empleaban. Tan válido que resultó vencedor en la única batalla que perdió Atila en los Campos Cataláunicos. Sin embargo, antes de ser rehén de los hunos, Aecio, muy joven, había sido rehén de los godos, lo que también le había proporcionado conocimientos muy útiles cuando los godos habían dejado de ser amigos de Roma y hubo que pelear contra ellos. Aecio los derrotó en la Galia en una batalla mucho menos sonada y que le dio mucha menos fama que la de los Campos Cataláunicos, también en la Galia, la actual Francia.

En Oriente, Teodosio II se había aliado con los hunos occidentales, a los que vimos

Valentiniano III, hijo de Gala Placidia y de Constancio,
desarrolló una personalidad y una voluntad tan débiles
que fue poco menos que un juguete en manos de su madre
y de sus validos. Medallón con su efigie.

establecidos en Panonia, al mando de Uldín,
el mismo que había luchado junto a Estilicón
contra Radagaiso. Uldín hizo capturar al jefe
godo Gainas, que había luchado al servicio
de Arcadio contra el ostrogodo Trigibildo y
que, incapaz de detenerle, había sido objeto
de sospechas e intrigas. La emperatriz Aelia
Eudoxia, esposa de Arcadio muy aficionada a
los enredos palaciegos y enemiga de los germanos, hizo correr la voz de que Gainas, al fin y al
cabo, un bárbaro, se había aliado con Trigibildo
con el fin de apoderarse del trono bizantino.
Cuando Gainas regresó a Constantinopla tras
luchar infructuosamente contra los ostrogodos, el pueblo se arrojó contra él y contra sus

tropas, asesinando a cuantos godos pudieron y haciendo al caudillo huir fuera de las fronteras. Allí, junto al Danubio, tropezó con los hunos que o bien le esperaban alertados o bien se apercibieron de que huía. Uldín le hizo capturar y decapitar. Como prueba de amistad, envió la cabeza de Gainas al emperador Arcadio.

Aunque parece que fue Uldín el caudillo huno que fijó la residencia de los hunos negros a la orilla del Danubio, no debió de ser rey ni de acaudillar numerosas tribus porque ya dijo Zósimo que le costó un enorme esfuerzo derrotar a Gainas y Gainas, según el mismo autor, no era general de un gran ejército, sino que llevaba a su mando un pequeño número de hombres, agotados y débiles y prácticamente vencidos por los soldados de Roma. Tres enfrentamientos le costó a Uldín acabar con los hombres de Gainas y capturarle y se esmeró sin duda con la esperanza de prestar al Imperio un servicio que después le resultara rentable.

Dicen que el emperador mandó exponer la cabeza de Gainas a la vista del pueblo durante tres días y que la recompensa de Uldín fue una alianza entre él y el Imperio con un probable pago de tributo anual.

Ha muerto el diablo

Hemos visto al Imperio de Occidente humillar la cabeza frente a Alarico y replegarse a Rávena. Hemos visto también la debilidad de los gobernantes y la volubilidad de unos y otros que ora eran amigos, ora enemigos. Hemos visto a los hunos luchar junto a Roma contra los godos. Pronto veremos a los godos luchar junto a Roma contra los hunos.

Los hunos siempre precisaron un caudillo que los reuniese y los dirigiese. En el año 412, murió Uldín y los hunos que habían luchado valientemente junto a él se dispersaron. Pero pronto apareció un jefe acaudillando y reuniendo a los hunos dispersos, Turda, quien tuvo cuatro hijos, dos de los cuales nos resultan conocidos. Uno de ellos, Mundzuk, fue el padre de Bleda y de Atila. El otro fue Rugila, el más joven de los hijos de Turda, pero también el más valiente y, al mismo tiempo, el más diplomático, una cualidad muy apreciada en aquellos tiempos de pactos y amistades cambiantes.

Rugila asumió el mando de las tribus en el año 432 y comenzó las embestidas contra el Imperio romano de Oriente, y también contra las tribus bárbaras que poblaban las tierras externas al Imperio. Alanos, germanos, escitas, y godos sufrieron la forma de combatir y el furor de los hunos. También los temieron los romanos, porque cuentan que cuando murió Rugila, los sacerdotes de las iglesias cristianas del Imperio bizantino se felicitaban: «ha muerto Rugila, ha muerto el demonio, ha muerto el diablo». No sabían que tras él reinaría otro mucho más temible al que llegarían a llamar «el azote de Dios».

Rugila se había establecido con sus huestes en Panonia (Rumanía y parte de Hungría) a cambio de recibir 350 libras de oro anuales del emperador de Oriente y de que el de Occidente les reconociera la soberanía de los territorios que ocupaban. Naturalmente, no fue una súplica, sino una amenaza directa que Teodosio II, el emperador débil y beato, aceptó tembloroso tras el primer susto de ver avanzar a los hunos hacia Constantinopla. En cuanto a Valentiniano III, emperador de Occidente, ya estaba habituado a reconocer soberanías a los caudillos bárbaros. Ya había reconocido a los galos y a los godos. Más tarde, tendría también que reconocer a los vándalos, cuando Genserico hiciese su aparición en Roma.

Tenemos, pues, al Imperio humillado en Oriente y en Occidente, tributario de reyes bárbaros y sometido a sus caprichos y a sus chantajes. Además, los que se llamaban sus aliados, sus confederados o sus amigos, como los godos, los alanos o los hunos, solían intercambiar rehenes o, incluso, pedirlos, porque ya hemos visto que no eran tiempos como para confiar en los demás. Así hemos visto que el propio Flavio Aecio, el general que mandó los ejércitos de Roma en tiempos de Valentiniano III y Gala Placidia, había sido rehén, primero, de Alarico y, más tarde, de Rugila.

Los hunos habían constituido un verdadero imperio en Panonia con pretensiones europeas. Mantenían su tratado de amistad con Roma, cobrando su subsidio en oro y evitando que las tribus germanas se acercaran a las fronteras. Ocupaban, por tanto, el lugar que en su día ocuparon los godos. No tenían un solo rey, sino dos, que no solamente no peleaban entre sí sino que se avenían y repartían el liderazgo y los bienes. Eran hermanos y se llamaban Mundzuk y Rugila, respectivamente, padre y tío de Atila.

UN FUTURO PATRICIO ROMANO

Rugila, el rey huno al que hemos visto estableciéndose con sus huestes en Panonia, no era un salvaje. Lo más probable es que el contacto con Roma le facilitara algún tipo de educación como se le había facilitado a Alarico. Lo cierto es que, durante su estancia en Panonia, tuvo un anhelo similar al de los godos, el sueño romano, el deseo de entrar en Roma por la puerta grande y llegar a ser ciudadano con derechos. Por eso, como él ya no tenía edad ni tiempo para reformarse y convertirse en un individuo civilizado y refinado, decidió emplear el dinero que recibía del Imperio como subsidio a cambio de su protección en educar a sus dos sobrinos, Atila y Bleda, los hijos de su hermano Mundzuk que falleció a principios del siglo v dejándole el liderazgo de los hunos y la custodia de los dos huérfanos.

En Roma, los jóvenes hunos deberían estudiar latín, artes y ciencias y el refinamiento que se enseñaba a los patricios de la época. La escuela romana no solamente les proporcionó educación y cultura, sino amistades con patricios romanos, militares y gentes de alta cuna. Al fin y al cabo, aunque bárbaros y con rostros mongoles, Atila y Bleda eran hijos de un rey. Bleda tenía 10 años y Atila 6.

Retrato de Atila bastante fiel gracias a la descripción de Prisco,
que le visitó en su reino como embajador de Roma.
Estatua de Atila. Hungría.

Pero Atila todavía no se llamaba así. Dicen que fueron los godos los que le dieron ese nombre que se puede traducir por «padrecito». Otros cuentan que fueron los mismos hunos los que le llamaron Atila, que en huno significa «gran padre», cuando le consagraron como su rey. Su nombre auténtico era Atil (o Etil), en recuerdo de un antepasado guerrero cuyo nombre y fama supo honrar, Atel o Atil o Etil, el caudillo huno que llevó a su pueblo más allá de sus fronteras naturales, mucho más al sur y al oeste de las áridas estepas del Asia Central[13].

Había nacido hacia el año 406 (otros autores señalan el año 395 que coincide con la muerte de Teodosio el Grande) en algún lugar de Rumanía, a orillas del Danubio. Se cuenta que era tan robusto desde su nacimiento que su madre murió durante el parto a causa de su gran envergadura.

No es cierto. Era pequeño pero de fuerte musculatura. Las piernas arqueadas del caballo parecieron a los romanos una nueva deformidad, junto con los ojos achinados y los pómulos salientes típicos de los mongoles. Apenas le crecía barba, pero la llevaba rala y desaliñada sobre el cuello corto y ancho de toro. La nariz

---

[13] Según la *Wikipedia* (sic): el nombre de Atila podría significar «padrecito», del gótico «atta» (padre), con el sufijo diminutivo «-la», ya que muchos godos sirvieron en sus ejércitos. Es muy posible que provenga de «atta» (padre) y de «il» (tierra, país), con el sentido de «tierra paterna» o «madre patria». Atil era también el nombre altaico del actual Volga, río que tal vez dio su nombre a Atila.

era chata, menuda y sabía encogerla en un gesto agresivo, mientras hacía brillar sus oblicuos ojos negros, lo que le daba aspecto feroz y, según cuentan, no se le podía mirar sin un escalofrío de terror. Prisco de Panio, que conoció a Atila personalmente entre los años 448 y 449, lo describió como un individuo de pequeña talla, robusto, con la cabeza grande, los ojos hundidos, la nariz chata y la barba rala. Habla de sus costumbres austeras, de su irascibilidad y de su tenacidad como negociador. Dice también que no fue tan brutal ni tan inmisericorde como se ha dicho.

EL ENANO ZERCONE

De Mauritania llegó al campamento del rey Rugila un moreno y travieso enano que pronto hizo las delicias de Bleda, el hermano mayor de Atila. Dicen que era un mozo aficionado a la diversión y a la bebida, amante de las fiestas y muy poco o nada serio. El enano Zercone fue para él un juguete viviente y un compañero de juergas inseparable. También fue, sin que Bleda se apercibiera, el que determinó la predilección de su tío Rugila.

Rugila no tenía hijos a los que preparar para entregarles en su momento el gobierno del estado huno y, dado que hubo de hacerse cargo de la tutela de sus sobrinos cuando el padre de estos faltó, prefirió de entre ellos al más serio, al más austero, al más dado a las armas y a la caza, al que despreciaba las fiestas, los lujos y el boato. El que más cualidades reunía para llegar a convertirse en caudillo de los hunos, el que, sin todavía saberlo, estaba destinado a convertir el estado huno en una superpotencia mundial y en una terrible amenaza para Roma, porque el Imperio huno aspiró a dominar el mundo.

En su juventud huérfana Atila aprendió junto a los hunos a montar como un centauro y a luchar con ferocidad. Junto a los romanos, se convirtió en un hombre culto y adquirió cierto refinamiento. Hizo amistad con Flavio Aecio que, recordémoslo, fue rehén amistoso del rey Rugila.

Dicen que Atila se maravilló al contemplar Roma y al conocer su historia y se preguntó cómo era posible que aquella nación, la más poderosa de la Tierra, jamás hubiera sido vencida. Y dicen, claro está, que probablemente aquello le decidiera a intentarlo un día: «Se creen el ombligo del mundo y no saben la tormenta que les espera», parece que fueron sus palabras al volver a las llanuras de la Panonia. Tenía 17 años.

La espada de Marak

Los héroes de leyenda manejan armas de leyenda. Perseo llevó consigo el escudo de Atenea y Aquiles recibió sus armas de la misma diosa. En cuanto a espadas, la historia y la leyenda nos ofrecen nombres, formas, cualidades y, sobre todo, un proceso más o menos mágico para llegar a las manos de su posesor. Colada,

Tizona, Excalibur, Durandarte, Anduril. Atila no iba a ser menos. Su espada fue, según Jordanes, la espada de Marte. Siendo Marte el dios romano de la guerra, es justo que quien llegara a blandir su espada fuera invencible. Invencibles fueron también Aquiles y Sigfrido y, sin embargo, murieron.

Jordanes recogió la narración de Prisco acerca de la espada de Marte, que Atila encontró un día de forma, como no podía ser menos, milagrosa. Un pastor de las llanuras de Panonia observó que un ternero de su rebaño cojeaba. Intrigado, buscó lo que hería al ternero sin conseguir encontrarlo. Entonces, siguió ansiosamente el rastro de la sangre y halló la punta de una espada a medio enterrar, con la que el animal se había herido mientras pastaba en la hierba. La recogió y la llevó directamente a Atila. Este se deleitó con el regalo y, siendo ambicioso, pensó que se le había destinado a ser señor de todo el mundo y que, con la espada de Marte en la mano, tenía garantizado el triunfo en todas las guerras. Los historiadores han identificado esta leyenda con el patrón de culto de los nómadas de las estepas del Asia Central a la espada común.

Pero hay otra historia mucho menos «romana» y más mongola. El hermano mayor de Atila, Bleda, con quien compartía el trono, murió joven y Atila le dedicó un gran funeral. Parece que hubo quien sospechó que la muerte de Bleda no había sido accidental, sino que su hermano tuvo que ver con ella, para quedarse con el trono.

Todos los héroes de leyenda han conseguido sus armas de forma mística. Aquí vemos a Aquiles recibiéndolas de la propia Atenea. Museo Arqueológico de Nápoles, Italia.

Durante el acto fúnebre, se le acercó un pastor y le hizo entrega de un objeto envuelto en pieles que había encontrado semienterrado en los pastos de sus ovejas. Era una formidable espada. Atila la tomó y la mostró a sus hombres que gritaron admirados ¡es la espada de Marak!

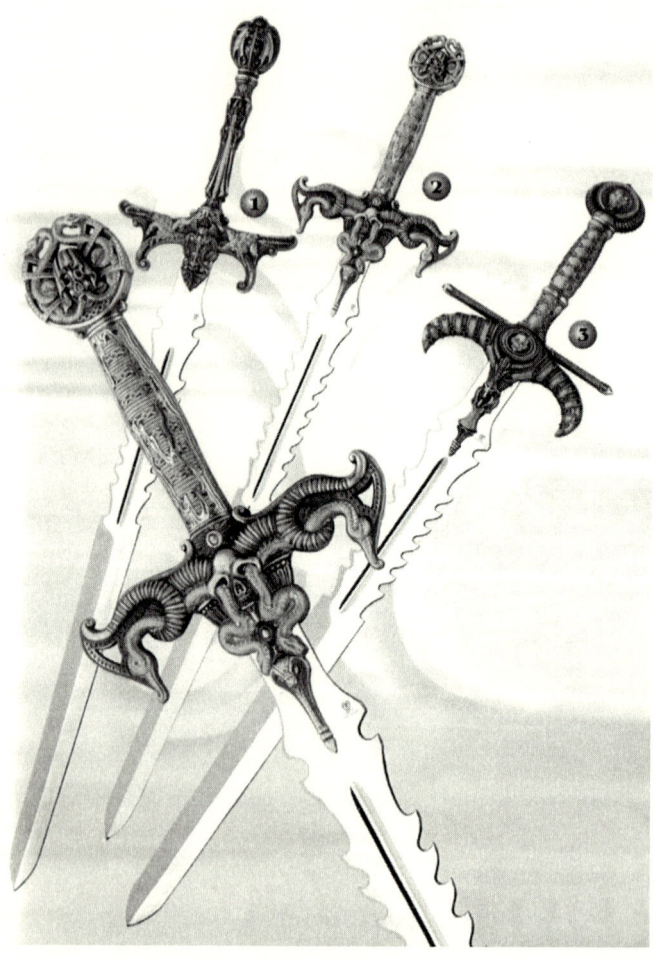

La espada que describe Prisco colgando del costado de Atila
perteneció, según unas leyendas, a Marte y, según otras,
a Marak. Ella le confirió el poder sobre todas las tribus
de los hunos negros.

Marak fue un gran rey huno que muchos años atrás parece que enterró una grandiosa espada y comunicó a su pueblo que aquel que la encontrara debería llevársela a su rey, para que así el rey pudiera llevar a su pueblo hacia la conquista del mundo entero; el pueblo debería seguir fielmente a su rey allá donde este les llevara.

Aquello consagró definitivamente a Atila como rey y caudillo supremo de los hunos, borró la sospecha de fratricidio e impulsó a los guerreros a seguirle ciegamente a la conquista del mundo. Con la aparición de la espada de Marak, Atil pasaría a llamarse Atila.

ATILA Y BLEDA AL FRENTE DEL IMPERIO HUNO

No sabemos demasiado sobre los antepasados de Atila y Bleda, pero nos han llegado algunos nombres y algunas historias.

Hemos dicho que todos los clanes o grupos de hunos que se establecían en pueblos o ciudades conquistados tenían siempre un jefe que les gobernaba, igual que las tribus que se lanzaban a la conquista iban siempre dirigidas por un caudillo, por el que todos daban la vida y seguían hasta el fin del mundo. Hemos visto anteriormente a Balamber (o Balamero) acaudillando las tribus de los hunos blancos y sometiendo a los ostrogodos.

Hemos visto también al caudillo de los hunos negros, Turda, reuniendo a las tribus dispersas y convirtiéndose en rey de todos los hunos occidentales. Era él quien decidía sobre cualquier cosa que les afectase. Era él a quien seguían y por quien luchaban con denuedo hasta la muerte.

Turda tuvo cuatro hijos: Oktar, Ebraso, Rugila y Mundzuk. Todos ellos fueron grandes caudillos y causaron infinitos problemas al Imperio romano. Mundzuk fue, como dijimos, padre de nuestros dos héroes: Bleda y Atil.

Antes de morir, Turda nombró a Ebraso caudillo de los hunos blancos, que avanzaban por el Cáucaso, y repartió entre sus otros tres hijos, Oktar, Rugila y Mundzuk, las tribus de los hunos negros que seguían la senda del Danubio.

Rugila intentó unificar las tribus hunas existentes. Pero mientras él luchaba y pactaba con los romanos, su hermano Ebraso se había asentado en el Cáucaso sin apenas moverse, pues dicen que disfrutaba en demasía de los placeres de la vida y, viendo que su hermano se ocupaba de batallar y mediar con los romanos, había decidido dedicarse a la diversión. Rugila consiguió hacerle entrar en razón, convenciéndole de que todos formaban un pueblo (por entonces, un Imperio) y necesitaban estar unidos.

Atil nació alrededor del año 406 d.C. (según otros autores, 395), y, aunque no se sabe con exactitud en qué lugar, en la antigua provincia romana de la Panonia donde los hunos se habían establecido. La Panonia era una vasta zona llana, llena de pastos donde los

Las llanuras de Rumanía donde se establecieron los hunos
negros y donde nació Atila.

caballos de los hunos podían pastar y procrearse. Actualmente se puede situar entre el sureste de Hungría y el noroeste de Rumanía.

Ése fue el reino que heredaron Atila y Bleda a la muerte de su tío Rugila y que gobernaron conjuntamente entre el 433 y el 445, cuando, según dicen los romanos, Atila hizo asesinar a Bleda y se erigió rey único para llevar a cabo la mayor campaña de expansión y conquista desde tiempos del antepasado que le dio su nombre, Atel.

Ambos gobernantes optaron por proseguir la paz con los romanos. Por el tratado de Margus (hoy Pozarevac, Serbia) el Imperio romano de Oriente duplicó los tributos anuales que pagaba a los hunos y les entregó varias tribus que habían desertado del ejército huno y se habían refugiado al otro lado del Danubio. Durante 5 años, se mantuvo la paz y Atila y Bleda aprovecharon para realizar incursiones en el Imperio persa de los sasánidas, aunque nunca consiguieron conquistar Armenia.

Bleda murió en el año 445, atacado por un oso, durante una cacería en la que participaba junto a su hermano Atila. Ya dijimos que se sospechó que su muerte no fue accidental y también que fue la espada de Marak la que puso fin a las sospechas y consagró a Atila como rey indiscutible de todos los hunos. El poderoso Imperio romano tuvo en él un digno rival.

5

En la corte de Atila

Hemos dejado a Atila convertido en rey absoluto de todos los hunos asentados en Europa, al
igual que de las tribus que recorrían beligeran-
tes las tierras del Imperio. Había paz con Roma,
entendiéndose por Roma tanto el Imperio de
Oriente, con su capital en Constantinopla,
como lo que quedaba del de Occidente, con su
capital en Rávena[14].

---

[14] Aunque Justiniano recuperó Roma para el Imperio, ya en el
siglo VI mantuvo la capital en Rávena. Pero la parte occidental
no le sobrevivió porque las invasiones de los bárbaros se
recrudecieron a su muerte y quedó reducido a un exarcado
gobernado por un magister militum, una especie de virrey que
representaba al emperador bizantino.

La capital del Imperio romano de Occidente fue Rávena, donde se refugió el emperador Honorio al sentir la amenaza de los godos. Cúpula del *Baptisterio de los Ortodoxos*. San Vital de Rávena (siglo VI).

No ha quedado, sin embargo, claro si Atila participó o no en la muerte temprana de su hermano Bleda. Puede que hubiera una especie de Jura de Santa Gadea, en la que los hunos le obligaran a jurar que no había tenido nada que ver con esa muerte. Lo cierto es que, fuera o no culpable, se convirtió en autócrata y rey absoluto de los hunos. Jordanes asegura que

Atila cometió fratricidio, que obtuvo sus recursos a despecho de la justicia y que su barbarie consiguió un éxito que causa horror. Asegura que había venido al mundo para conmover a su nación y hacer temblar la tierra y que marchaba precedido por formidables ruidos que sembraban por todas partes el espanto, aunque se dejaba conmover por las súplicas y era bueno cuando había concedido su protección.

Para conocer la historia de Atila, contamos, afortunadamente, con los textos de Prisco de Panio, filósofo, orador, historiador y diplomático que trabajó a las órdenes de Maximino, embajador del Imperio bizantino en tiempos de Teodosio II. Sin embargo, hay que tener en cuenta que los historiadores antiguos no escribieron la Historia de la manera que ahora se escribe. Entonces se acostumbraba a citar fuentes inexistentes, a insertar el nombre de algún personaje de relieve que diera mayor valor al escrito o, simplemente, a copiar lances y situaciones de escritos famosos. Las descripciones de Prisco se han tachado de inexactas en lo que concierne a descripciones geográficas, se ha puesto de relieve la ausencia de información militar y se le ha acusado de dejarse cegar por el patriotismo y el sentimiento de superioridad de todo lo romano, sobre todo, en lo referente al emperador Marciano. Bien al contrario que lo que se refiere a su antecesor, Teodosio II (fuente: http://interclassica.um.es). En todo caso, es el testigo de excepción que tenemos, pues ya dijimos que permaneció algún tiempo en la corte del propio Atila, donde participó en ceremonias y conversaciones como invitado del caudillo huno. Sus descripciones son, cuando menos, un retrato del lugar y de la época.

Sí sabemos algo respecto a la estrategia militar y la astucia de Atila y es que muchos historiadores chinos las han comparado con la estrategia y el coeficiente de cálculo que emplearon en su día los xiongnu, aquellos invasores de China de los que se ha dicho que probablemente desciendan los hunos. Incluso las arengas de Atila a sus tropas, con un énfasis calculado, eran preparativos estratégicos. Ya en la batalla no actuaba tanto como un capitán sino como líder. En el momento más grave, se situaba en lo más alto del lugar y se abría la camisa para mostrar su pecho e incitar a su ejército a luchar sin pensar en el dolor o en el miedo (fuente: Verónica Rosique Ibáñez, Esfinge, http://www. editorial-na.com).

Un emperador beato y tembloroso

Hemos visto al emperador Teodosio II, hijo de Arcadio, convirtiendo el palacio imperial en un convento y ocupando las horas del día en rezos y elucubraciones religiosas en lugar de atender los asuntos de Estado. No era precisamente el oponente que necesitaban Atila y Bleda cuando decidieron elevar la cuota que el Imperio les pagaba por mantener la paz.

Estamos en el año 434 y Atila intercambia embajadores con todo Occidente. Se dedica a extender su soberanía sobre los pueblos germánicos que han quedado a la orilla derecha del Danubio y se prepara para pedir dinero al emperador de Oriente y tierras al de Occidente. Son tiempos de tetrarquías y en Oriente ostenta la corona Teodosio II el Joven, débil, inepto y probablemente poseído por un delirio místico, que ha dejado los asuntos de gobierno en manos de su hermana Pulqueria y de Crisafio, un eunuco que goza de toda su confianza.

Teodosio II y todo Bizancio conocen de sobra la unificación de las tribus hunas y el tamaño desmedido que su Imperio va tomando. Por eso, preferirá mil veces perder oro y riquezas antes que hombres y territorio, porque una derrota podría suponer el final del Imperio. Por eso, cuando Atila se decida a exigir nuevos tributos, no tendrá problemas para conseguirlos.

Desde la muerte de Rugila, Teodosio II venía negociando con los hunos la entrega de varias tribus renegadas que se habían refugiado en el seno del Imperio de Oriente, donde se les había acogido como mercenarios para luchar contra los vándalos y quién sabe si contra los propios hunos. En el año 435, pactó una alianza con los nuevos reyes hunos, Atila y Bleda, en un encuentro que tuvo lugar en Margus, en Serbia, donde acordaron un tratado que resultó más que beneficioso para los hunos. Allí tuvo lugar el primer contacto de los nuevos reyes hunos con el Senado de Roma, representado por el *magister militum* Plinta y el historiógrafo y orador Epigeno. No debió resultarles fácil negociar con los bárbaros, que permanecieron montados a caballo en lugar de descabalgar,

El emperador de Bizancio, Teosodio II, no fue rival para Atila y Bleda cuando estos decidieron triplicar el tributo que recibían de Roma a cambio de la paz. Ilustración para la *Historia del Imperio Bizantino*, del escritor ruso Vasily Smirnof (siglo xx).

pero los hunos sabían muy bien lo que se hacían. Su situación habitual era a lomos de un caballo y eso les dio cierta superioridad frente a los romanos. Aquello no era precisamente el Senado.

Los romanos acordaron no solo devolver a los tránsfugas, sino también duplicar el tributo anteriormente pagado, abrir los mercados a los comerciantes hunos y pagar un rescate de ocho *solidus* por cada romano prisionero. Los nuevos reyes, satisfechos con el tratado, levantaron sus campamentos y partieron hacia el interior del continente, dejando en paz al emperador Teodosio que utilizó la oportunidad para reforzar los muros de Constantinopla, que ya inició su abuelo Teodosio el Grande construyendo las primeras murallas marítimas de la ciudad. También levantó líneas defensivas en la frontera a lo largo del Danubio. No se fiaba, por tanto, de sus supuestos aliados e hizo bien, porque él tampoco pensaba cumplir lo acordado.

El pacto roto

Dando la espalda al Imperio, Atila y Bleda se dirigieron, según algunos autores, a un nuevo objetivo, la Persia de los sasánidas. Durante 5 años, nada se supo de ellos, aunque dicen que fueron derrotados cuando trataban de conquistar Armenia. Hemos visto a los hunos blancos luchar contra los persas cuando Atila era aún un muchacho y se educaba en Roma. Nuestros héroes, Atila y Bleda, son hunos negros.

Prisco contó que los hermanos Bleda y Atila habían ido a tierras persas a conquistar nuevos territorios, ya que los medos se hallaban cerca del reino huno. Los persas les impidieron el saqueo y los expulsaron de Armenia. Cabeza de Nectanebo II, rey egipcio, que aparece en la *Crónica Demótica* (siglo II), Biblioteca Nacional de París.

Esa intención de invadir Persia procede, seguramente, de una información que Prisco, el historiador y diplomático que vivió en la corte de Atila, obtuvo allí de un romano llamado Rómulo quien le contó que Atila había pensado ampliar sus dominios invadiendo Persia porque la tierra de los medos se hallaba muy cerca del lugar en el que se habían establecido los hunos y que estos conocían muy bien las rutas para llegar hasta allí. Rómulo contó también a Prisco que los hunos habían ya hecho una incursión a tierras medas y que, mientras saqueaban los campos, llegaron tropas persas y los hicieron huir con sus flechas. Después, los dos jefes hunos, Atila y Bleda, habían ido a Roma a establecer un pacto.

No sabemos con seguridad qué hicieron ni qué objetivo persiguieron. Sí sabemos que reaparecieron en el año 439, acusando al Imperio de traición. De traición al tratado de paz acordado cuatro años antes, porque, según su queja, el obispo cristiano de Margus había cruzado el Danubio y había profanado y saqueado las tumbas reales que los hunos veneraban al norte del río. Recordemos que los hunos enterraban a sus muertos con objetos valiosos, lo que bien pudo despertar la codicia del obispo cristiano.

Estamos, pues, en el año 441. No ha transcurrido tanto tiempo desde que se firmó el pacto de Margus. Atila y Bleda, según unos autores, han regresado de su expedición a Persia y, según otros, simplemente, han reaparecido enfurecidos acusando a Roma de haber roto el pacto. En represalia, los reyes hunos han atravesado el Danubio y han entrado con su ejército en Iliria, en los Balcanes. A sabiendas de que las tropas del Imperio se encuentran peleando en los limes oriental y occidental, Atila y Bleda atacan el Danubio oriental empleando, como suelen, la astucia y la sorpresa.

Por sorpresa, por tanto, caen como gavilanes sobre las ciudades de la ribera. Ahora son los romanos quienes les acusan de haber roto el pacto, pero los hunos quieren que les entreguen al obispo de Margus, culpable de la profanación. El Imperio duda, no confía, teme por la suerte del obispo, al fin y al cabo, un cristiano. Y labra su propia derrota, porque el obispo, curándose en salud, huye y entrega la ciudad de Margus a los bárbaros.

Las defensas ribereñas del Danubio no estaban desguarnecidas por desidia, sino porque se habían presentado nuevas amenazas que había que enfrentar. En el año 440, el rey vándalo Genserico había tomado Cartago y, al año siguiente, el rey sasánida Yazdegerd II había invadido Armenia. Esto fue lo que despejó para Atila y Bleda el camino a Iliria y a los Balcanes.

Los vándalos

Cuando Genserico subió al trono en el año 428, el pueblo vándalo había llegado al sur de Hispania y controlaba la provincia Bética. Genserico y sus vándalos fueron invitados por el gobernador del norte de África, Bonifacio (uno de los dos militares en quienes Gala Placidia y Valentiniano III habían depositado su confianza), para ayudarle en su rebelión secesionista contra el poder de Roma. En el año 429, Genserico cruzó el estrecho de Gibraltar para pasar al norte de África. Pronto se arrepentiría Bonifacio de haber invitado a los vándalos, pero ya era demasiado tarde, porque estos habían llegado a África para quedarse. Aunque Roma estaba deseando pactar la paz con ellos, Genserico no se detuvo hasta hacerse con el control de la ciudad de Cartago, la actual Túnez, un rudo golpe para Roma, porque los vándalos podían controlar desde allí las rutas comerciales del Mediterráneo occidental, aparte del suministro de grano para Roma. Roma, por tanto, no tuvo más remedio que reconocer su soberanía e incluso prometerle a la princesa Eudoxia, hija del emperador Valentiniano III, en matrimonio para Hunerico, el hijo de Genserico.

Igual que Alarico creyó encontrar el paraíso godo de Muspelheim en Italia, Genserico lo halló en África. Por eso lucharon denodadamente por conservar la provincia arrebatada a Roma, para establecerse de forma pacífica y permanente.

La palabra vándalo nos ha llegado como sinónimo de brutalidad y destructividad. Sin embargo, los vándalos invirtieron siete años en conquistar ciudades romanas desde Tánger a Túnez (Cartago) y en ellas no ha quedado rastro alguno de destrucción, sino más bien lo contrario. Deseosos de disfrutar, como todos los bárbaros, de la cultura romana, ocuparon sin dañar las ciudades en las que pensaban instalarse y allí disfrutaron de palacios, casas solariegas con termas romanas, baños de vapor y salas de masaje. Utilizaron el agua caliente, el alcantarillado romano, la calefacción para los días fríos. Mucho más civilizados finalmente que los propios romanos, prohibieron las luchas de gladiadores y utilizaron circos y teatros para representar comedias y tragedias.

En los museos tunecinos se pueden encontrar mosaicos que describen la forma de vida de los vándalos en Cartago, donde hablaban latín y disfrutaban de la música y de los placeres de la mesa. Hay documentos de compra-venta que respetan el derecho romano a la hora de adquirir villas y posesiones. Hicieron realidad el sueño romano de todos los bárbaros, conquistar una provincia y disfrutar de la cultura y de la civilización.

Finalmente, Túnez se independizó del Imperio como se iban independizando otras provincias ocupadas por bárbaros que se iban amoldando a la manera de vivir romana. Fueron incluso más tolerantes que los católicos, siendo arrianos, porque en tiempos de Trasamundo, uno de sus últimos reyes, sabemos que católicos y arrianos entraban juntos en la misma basílica para orar, casarse y bautizar a sus hijos. En el siglo VI, el general Belisario, en nombre del emperador Justiniano, acabó con ellos.

Estamos, por tanto, en el 441 y los hunos han hecho su aparición asaltando Iliria. Asustado, Teodosio busca la paz y consigue una tregua que le dará tiempo para pedir tropas y ayudar a su primo Valentiniano III, el emperador de Occidente. Pero Valentiniano está mucho más asustado que él porque Rávena carece de las murallas inexpugnables de Constantinopla y, además, otros bárbaros pretenden entrar en Roma a sangre y fuego. Teodosio no tiene más remedio que hacer volver a las tropas del norte de África, ocupado ya por los vándalos, y, de paso, llevar a cabo una emisión de moneda para financiar la guerra contra los hunos. Hechos estos preparativos, se permitiría rechazar las exigencias de los reyes bárbaros.

Pero Atila ha desatado su furor y no se detiene. Su respuesta es atacar de nuevo ciudades junto al río, atacar los centros militares de Ratiara y dirigirse al interior hacia Naissus (la actual Nis) y Serdica (la actual Sofía), que son destruidas. Viminacium, Sigindunum (la actual Belgrado) sufren también el ataque y el saqueo de los hunos. Camino de Constantinopla, toma Filipópolis (la actual Plovdiv, en Bulgaria), derrota a los romanos en todas las batallas y cerca la capital imperial, la propia Constantinopla. Pero Constantinopla tiene altas y sólidas murallas y los hunos tienen, prácticamente, solo arqueros. Los modernos arietes y torres de asalto rodantes que han empleado en la toma de Naissus de nada sirven frente a los muros de la capital del Imperio defendidos por Flavio Zenón.

Tras la partida de los hunos, Constantinopla sufrió graves desastres, como si los dioses hubieran decidido castigarla. Hubo sangrientos disturbios entre aficionados a las carreras de carros del hipódromo, se produjeron varias epidemias, hambrunas y, por si fuera poco,

Serdica, la actual Sofía, sufrió también la devastación de los
hunos, furibundos por la ruptura del tratado de Margus.

EL HIPÓDROMO DE
CONSTANTINOPLA

El hipódromo de Constantinopla, con una capacidad para 100.000 espectadores, no era un lugar dedicado exclusivamente a carreras de caballos, sino a todo tipo de actos multitudinarios, en los que el pueblo bizantino tenía ocasión de divertirse, de contemplar espectáculos de música, de teatro, de representaciones de textos de la Ilíada o bien de torturas refinadas reservadas a traidores o a usurpadores derrocados. Aquel local amplísimo solía reunir multitudes que, acaloradas por las disputas, terminaban enfrentadas en sangrientas batallas, batallas que podrían iniciarse por un malentendido entre los partidarios de uno u otro equipo de corredores, de gladiadores o bien por una frase maliciosa lanzada por un partidario de uno de los partidos político-religiosos en que se dividían los habitantes de la ciudad, los Azules y los Verdes. Los Verdes eran monofisitas (una sola naturaleza en Cristo) y partidarios del pueblo, mientras que los Azules eran duofisitas (dos naturalezas en Cristo) y partidarios de la aristocracia. Hubo discusiones teológicas que duraron semanas y muchas de ellas se solucionaron empuñando armas, ya fueran militares o caseras, hasta el punto de dar lugar a verdaderas batallas campales entre partidarios de una u otra teoría, que terminaban con muertos, heridos, expulsados y presos. Bizancio era un estado teocrático, la vida estaba impregnada de religión y no se concebía una disputa en la que no interviniesen elementos religiosos. Una de las

> más famosas fue la Sedición de la Nika, que empezó con una protesta y terminó con un movimiento de masas que estuvo a punto de derrocar al emperador Justiniano. De hecho, se llegó a nombrar un rey. De aquí surgió el concepto de «discusión bizantina».

una serie de terremotos que duró cuatro meses derruyó buena parte de las murallas y mató a miles de personas, ocasionando una nueva epidemia.

Esto último sucedió en el año 447, cuando Atila había consolidado su poder y había decidido atacar de nuevo al Imperio. El ejército romano, bajo el mando del general godo Arnegisclo, le hizo frente en el río Uto (actual Vid) y, aunque Atila le venció, la batalla fue desastrosa pues dejó numerosas pérdidas humanas y ahogó a ambos ejércitos en un baño de sangre.

Los restantes hunos, sin soldados romanos que les detuvieran, se dedicaron al saqueo y al pillaje a lo largo de los Balcanes, devastando Grecia y llegando hasta las Termópilas. La propia Constantinopla se salvó gracias a la intervención del prefecto Flavio Constantino, quien organizó brigadas ciudadanas para la reconstrucción de las murallas dañadas por los seísmos y, en algunos lugares, para construir una nueva línea de fortificación delante de la antigua muralla levantada años atrás por Teodosio el Grande.

Las murallas de Constantinopla, reconstruidas después de los terremotos, resultaron inexpugnables para Atila. Frustrado, se revolvió contra Occidente.

Rabioso y frustrado en su intento, Atila se lanzó sobre Galípolis, donde estaban refugiadas las últimas tropas imperiales. Su empuje fue demoledor. Las crónicas de la época retratan un cuadro espantoso: «La nación bárbara de los hunos, que habita en Tracia, llegó a ser tan grande que más de cien ciudades fueron capturadas y Constantinopla llegó casi a estar en peligro y la mayoría de los hombres huyeron de ella. Y hubo tantos asesinatos y derramamientos de sangre que no se podían contar a los muertos. ¡Ay, que incluso capturaron iglesias y monasterios y degollaron a monjes y doncellas en gran número!» (fuente: Interclasica.um.es).

Entonces, le tocó a Atila imponer las condiciones de la paz: el pago de los atrasos y su mora (6.000 libras de oro) y el triple del tributo anual (2.100 libras de oro por año). Para llevar a cabo este nuevo trato, Teodosio II envió a un diplomático, Anatolio, a Aetzelburg, la capital del reino de los hunos, cerca de la actual Budapest.

Fueron años de hostilidades y enfrentamientos hasta que Teodosio II, no encontrando mejor salida para aquella situación que le arruinaba en hombres y en dinero, recurrió a la vía diplomática y envió embajadores a la corte de Atila, donde permanecieron alrededor de tres años y de donde nos ha llegado la crónica de Prisco. Atila reinaba ya como rey único de los hunos, porque Bleda, su hermano mayor, había muerto en el año 445.

Tránsfugas y traidores

Aquellos fueron años de embajadas que iban y venían entre los hunos y los romanos. En la primavera del año 449, Atila había enviado a Constantinopla una embajada que contaba con uno de los hombres más poderosos del reino huno, Edeco, hérulo o, según otros esciro, padre, por cierto, de Odoacro, que sería el primer rey bárbaro del Imperio romano; contaba también con el romano Orestes, natural de Panonia y padre de Rómulo Augusto, más tarde llamado Rómulo Augústulo, que sería el último emperador romano de Occidente. Dos personajes con futuro, como vemos, que, según cuenta Prisco, iban vestidos con sedas y gemas de la India. Y llevaban con ellos una carta de Atila dirigida al emperador Teodosio reclamándole el cumplimiento de los acuerdos anteriores, es decir, la entrega de aquellos hunos tránsfugas que mencionamos anteriormente y la soberanía sobre las tierras situadas al sur del Danubio. La reclamación incluía, por supuesto, una amenaza de ataque en el caso de que el Imperio se negara a cumplir lo acordado el año anterior. Por último, el rey huno exigía una embajada del Imperio compuesta por patricios o ex-cónsules con altos cargos, con quienes quería tratar otros asuntos.

Esta carta estaba escrita en huno, no en latín, lo que significa que los hunos ya habían desarrollado un lenguaje escrito a finales del siglo v. Lo sabemos por la intervención de Bigilas, el intérprete oficial de la corte de Atila, que se encargaba de traducir del huno al latín y viceversa.

En la corte de Teodosio II, Edeco tuvo oportunidad de conversar con un siniestro personaje, el eunuco Crisafio, hombre de confianza del emperador al que vimos anteriormente compartiendo los destinos de Bizancio con la princesa Pulqueria, la hermana de Teodosio. Y debía de compartirlos a regañadientes, porque eran enemigos, enemigos como solo podían serlo los bizantinos, a causa de una diferencia de criterio sobre un tema improbable. Crisafio era monofisita, partidario de la existencia de una única naturaleza en Cristo, mientras que Pulqueria era duofisita, partidaria de la existencia de dos naturalezas en Cristo. Motivo más que suficiente para que entre ambos existiera un odio tan exacerbado que, cuando Teodosio el Joven murió y Pulqueria ocupó el trono de Bizancio como regente, lo primero que hizo fue mandar decapitar al eunuco favorito de su difunto hermano. Entonces no andaban con medias tintas y ya dijimos que la religión estaba mezclada íntimamente con la política. Quien no acataba la doctrina religiosa del emperador era tan traidor como quien no acataba sus edictos.

Cuenta Prisco que Crisafio mantuvo una interesante conversación con Edeco. En ella, Edeco manifestó su admiración por el lujo y el refinamiento de la morada principesca en la que vivía el eunuco y este, taimado, le dejó caer que él también podría vivir con un lujo semejante. Edeco, bien porque fuera realmente

Los bizantinos trataron de asesinar a Atila a través de uno
de sus súbditos, pero fue él quien los engañó, porque cobró

la recompensa y le contó a su rey la intriga. Mapa arcaico de
Constantinopla, Biblioteca Hebrea de Jerusalén.

ingenuo y no entendiera la indirecta o bien porque quisiera asegurarse, respondió que él nunca viviría de otra forma que la que Atila le marcara. Es evidente que si la embajada que Edeco y Orestes llevaron a Bizancio exigía la entrega de los hunos tránsfugas, él no podía aceptar convertirse en uno de ellos, pues debía de saber muy bien lo que les esperaba. Se cuenta que Bizancio devolvió a Atila algunos de los evadidos y que este los mandó crucificar inmediatamente, sin reparar en que algunos eran de sangre noble.

Crisafio hizo jurar a Edeco que no descubriría la proposición que iba a hacerle y le invitó a cenar a solas, con la única compañía, parece ser, de Bigilas, el intérprete. Durante la cena, Crisafio le propuso que asesinase a Atila y que regresase a Constantinopla, donde él se encargaría de proporcionarle una vida cómoda, lujosa y tranquila. Edeco, asimismo astuto, le pidió cincuenta libras de oro para sobornar a los guardias personales de Atila y, cuando Crisafio le ofreció entregárselas en el momento, el otro se mostró todavía mucho más astuto y dijo que el dinero debía serle enviado a Panonia, puesto que él no tenía más remedio que volver para dar cuenta a Atila del resultado de la embajada en Constantinopla y, además, no creía posible viajar con tanto dinero sin que Orestes lo advirtiese.

Parece ser que a Edeco le faltó tiempo para contarle a Atila la oscura propuesta del eunuco quien probablemente lo haría a sabiendas del emperador. Con ello se ganó el reconocimiento

La vida política y religiosa estaban tan mezcladas en Bizancio que las diferencias religiosas significaban siempre enemistad política. Pantocrator del siglo XII, Catedral de la Natividad, Sicilia.

del rey huno, que no era poco en aquellos tiempos. Otros dicen que fueron los fieles espías de Atila quienes descubrieron el complot, aunque, de ser así, hubiéramos sabido de la muerte de Edeco.

197

Y, como ya dijimos que era tiempo de embajadas, pronto partieron de Constantinopla camino de Panonia el embajador Maximino, portando una carta del emperador Teodosio II el Joven para el rey Atila, en compañía del intérprete Bigilas, de Edeco y de los hunos que le acompañaron anteriormente, Orestes, los restantes emisarios romanos y el que para nosotros es más importante, el funcionario Prisco de Panio, testigo excepcional de cuanto aconteció en la corte de Atila.

Partieron en el verano del 449, llevando consigo la carta del emperador y numerosos regalos para los hunos.

Un diplomático en la corte de Atila

Desde el año en que murió Bleda, Atila se había instalado en Panonia como único rey de los hunos. Allí cumplió parte de su sueño romano, rodeándose de una corte de romanos y bárbaros ilustres que pasaron a su servicio. Por desgracia para él y para Roma, no consiguió realizar su sueño totalmente y todo quedó en un escenario de lujo y refinamiento que describió el historiador Prisco, cuando Teodosio II le envió en compañía del embajador Maximino a la corte de Atila. Han quedado fragmentos de sus informes, conservados por Jordanes, con la descripción del rey huno entre sus esposas, su bufón escita y Zercone, ahora su enano mauritano, impasible, austero y sin joyas en medio del esplendor de sus cortesanos. Sabemos, incluso, cómo era su cama:

> estaba cubierta por sábanas de lino y un cubrecama, muy trabajados como ornamento tal y como los griegos y los romanos acostumbran a arreglar sus camas de boda.

Prisco describe el poblado construido por los hunos como del tamaño de una ciudad grande, con sólidos muros de madera, que se cree situado entre los ríos Danubio y Tisza y al que se llegaba a través de caminos tortuosos, curvas, revueltas, valles y llanuras arboladas. Cruzaron montes y ríos, estos últimos a bordo de troncos ahuecados conducidos por remeros bárbaros que los esperaban en cada paso. Sin duda, se trató de un viaje bien organizado, pero no para la embajada romana, sino para los propios hunos. Parece que Atila no estuvo muy bien predispuesto hacia sus huéspedes, porque finalmente el Imperio no le había devuelto a todos los hunos desertores. Sin duda, los bizantinos los necesitaban como guerreros avezados. En cuanto a Atila, no podía permitir que sus súbditos se enrolasen en el ejército romano y lucharan algún día contra él. Aquello fue precisamente lo que enrareció las relaciones entre hunos y romanos, porque Atila les hizo varios desplantes, adelantándose en el camino sin esperarles con el anuncio de que no les recibiría si no tenían nada nuevo que decirle.

Mucho les costó conseguir reunirse con el rey huno en su tienda y mantener con él

La corte de Atila reunió a varios personajes bárbaros y romanos ilustres que entraron a su servicio, entre ellos, los padres de dos futuros gobernantes del Imperio. *La fiesta de Atila*, de Mor Than (siglo XIX). Galería Nacional Húngara, Budapest.

una conversación. Lo logró Prisco, después de prometer regalos y prebendas a Escotas, un huno de rango elevado que no viajaba con ellos con misión diplomática, sino por asuntos de negocios. Escotas les proporcionó finalmente la entrevista y Atila los recibió en su tienda, sentado en una silla de madera y rodeado por numerosos bárbaros, es decir, hunos. Entonces pudo Maximino entregarle la carta del emperador Teodosio que era, al fin y al cabo, a lo que habían viajado hasta Panonia a la que, por cierto, Prisco llama todo el tiempo Escitia.

Atila se mostró furioso con Bigilas, a quien llamó «bestia desvergonzada», por no haber permanecido en Constantinopla hasta que le entregaran a todos los hunos renegados y le aseguró que, de no formar parte de una embajada, le haría empalar. Tampoco debía estar muy contento con el emperador, porque cuando le dieron sus saludos y buenos deseos, respondió, «que ocurra a los romanos lo que ellos desean para mí».

Al poco, Bigilas regresaría a la capital del Imperio, aparentemente, para reclamar a los tránsfugas pero, en realidad, para recoger el dinero que Crisafio había prometido a Edeco por el asesinato de Atila. La embajada prosiguió su camino hacia la capital del reino huno pero sin el rey, porque Atila se separó de ellos indicando que marchaba en busca de una nueva esposa, una escita hija de un tal Eskam. Esto lo dijo a pesar de tener ya numerosas esposas, pero los escitas eran polígamos. Cada esposa debía de significar para él una nueva alianza con un pueblo, como ha sucedido siempre en casi todas las culturas. El matrimonio por amor es cosa del siglo XVIII.

Continuaron, pues, su marcha durante la cual los habitantes de los lugares que atravesaban se encargaron de abastecerles de alimentos, mijo en lugar de maíz e hidromiel en lugar de vino. Los sirvientes recibieron también mijo y una bebida hecha de cebada que los hunos llamaban kam. Una especie de cerveza. Y no solamente les procuraron alimentos, sino cobijo en sus cabañas durante una noche de tormenta y muchachas jóvenes para entretenerlos. Un regalo que les envió, por cierto, una de las viudas de Bleda, que era gobernadora del pueblo próximo.

Finalmente llegaron a su destino, la capital del Imperio huno, cerca de la actual Buda, donde ya les esperaba Atila, al que habían dejado adelantarse para no llegar a destiempo. De las casas que el rey de los hunos tenía en diferentes lugares, aquella era la mejor y la más grande. Estaba hecha de tablas pulidas, rodeada por una cerca de madera y adornada con torres. Jordanes nos ha dejado su descripción en un fragmento recogido de Prisco:

> Vimos allí un palacio de madera inmenso, construido con tablas pulidas y brillantes, cuyas uniones estaban tan bien disimuladas que apenas podían descubrirse con mucha atención. Existían allí espaciosas salas para festines, pórticos de elegante arquitectura; y el patio del palacio, rodeado de alta empalizada, era tan grande, que su extensión sola bastaba

para dar a conocer una mansión regia. Tal era el palacio de aquel Atila que mantenía bajo su dominación toda la barbarie, siendo dicha morada la que prefería a las ciudades conquistadas.

Cuenta Prisco que, cuando Atila entró en el pueblo, fue recibido por varias muchachas que cantaban y que avanzaban en filas bajo palios de lino blanco sostenidos por los extremos. Estos palios eran tan grandes que bajo ellos andaban siete o más chicas. Llegado a casa de Onegesio, su hombre de confianza, apareció la esposa de este en la puerta con numerosos sirvientes llevando carne y vino, le saludó y rogó que aceptara su hospitalidad. Para complacerla, Atila comió aunque sentado en su caballo, los sirvientes elevaron las bandejas a la altura de su silla; y habiendo probado el vino se marchó a su palacio que era más alto que las otras casas y construido en un sitio más elevado.

Finalmente, Prisco entra en casa de Atila y nos ofrece una descripción nítida y completa:

Al día siguiente entré en la cerca del palacio de Atila llevando regalos para su esposa Kreka. Tenía tres hijos, el mayor de los cuales gobernaba Acatiri y las otras naciones que se extienden por la Escitia póntica. Dentro de la cerca había numerosos edificios algunos con tablones tallados, perfectamente ajustados, otros de bloques de madera rectos clavados en el suelo y que se elevaban a una altura moderada. Encontré a Kreka reclinada en un diván blando. El suelo de la habitación estaba cubierto con fieltro y alfombras de lana encima. Un número de sirvientes permanecía a su alrededor y doncellas sentadas en el suelo enfrente de ella bordaban con colores paños destinados a adorno para la ropa. Habiéndome acercado, saludado y ofrecido los regalos, salí y anduve a otra casa donde estaba Atila, y esperé a Onegesio. Permanecí en medio de la gran multitud, los guardias de Atila y sus ayudantes me conocían y así nadie me impidió el paso.

Vi gran número de personas avanzando y una gran conmoción y ruido. Estaban esperando la salida de Atila. Este salió de la casa, con una marcha digna, mirando a su alrededor. Estaba acompañado por Onegesio y permaneció a la puerta de la casa, y muchas personas que tenían juicios entre ellos venían y recibían su sentencia. Entonces él volvió dentro de la casa y recibió a los embajadores de los pueblos bárbaros.

Una nueva prueba del desprecio que Atila sentía hacia los romanos, los que le llamaban bárbaro, es que se permitió nombrar a los embajadores romanos que quería que llevaran sus palabras a Teodosio y, cuando se le advirtió que eso podía dar lugar a malentendidos, respondió que esa era su voluntad y que las diferencias se solventarían por medio de las armas.

Describe también Prisco el banquete que tuvo lugar en la mansión de Atila, en la que se sentó entre Onegesio y sus dos hijos, a los que se reservaban lugares de honor. El servicio recuerda el de nuestros actuales banquetes. Cada invitado tenía un portador de copas que se ocupaba de escanciarle vino, pero nunca antes de que el portador de Atila le sirviera. Las mesas permitían tomar los alimentos sin levantarse del asiento y los sirvientes se sucedían llevando carne, pan y otras viandas. Cada plato iba precedido por un ceremonial de bebida y brindis ofrecidos por el anfitrión. Al llegar la noche, se encendieron antorchas y los hunos entonaron canciones compuestas por ellos mismos, que narraban sus victorias guerreras, su valor y sus hazañas. Después hubo espectáculo, primero, de humor a cargo de un «escita cuya mente estaba atrofiada» que les hizo reír con sus palabras y, después, a cargo del enano Zercone, el mauritano que hiciera las delicias de Bleda. Hizo reír a la concurrencia con su vestido ridículo y palabras en las que mezclaba el huno, el gótico y el latín. Pero Atila no se rió, porque lo había enviado tiempo atrás a su amigo de la juventud, Flavio Aecio, como regalo, pero Zercone había vuelto a Panonia a buscar a su mujer. Y los regalos no deben marcharse.

Otra noche, fue la esposa de Atila, Kreka, la que invitó a los romanos a una fiesta en la que ella y las otras mujeres les abrazaron. Una buena muestra de hospitalidad.

Retrato de un aspirante a patricio

Hemos visto que Prisco llegó a distinguir tres lenguas entre los hunos, su propio idioma, el huno, además del gótico, que hablaban los godos, y del latín, que hablaban los romanos. Pero de Atila dijo que hablaba cinco idiomas

Los hunos crearon su imperio en la Panonia, actualmente Hungría y parte de Rumanía. Este sello húngaro lleva inscrito el nombre de Panonia.

e incluso que era capaz de escribir el griego y el latín. Recordemos que se había educado en Roma.

Cuenta también Prisco su encuentro con un mercader romano cautivo, pero ya redimido y libre, que se le acercó hablando en griego y que había asimilado tan completamente la forma de vida de los hunos que no tenía ningún deseo de volver a su país de origen. Iba bien vestido y llevaba el cabello cortado en círculo, al estilo de los hunos. Criticó la forma de vida que se llevaba en el Imperio y dijo preferir mil veces la vida que llevaba entre los hunos, que se dedicaban a disfrutar de lo que habían conseguido en las guerras sin preocuparse ni

El retrato que Prisco pintó de Atila no habla de barbarie
ni de salvajismo. Todo lo contrario, sus descripciones
dejan traslucir la admiración que sintió por el caudillo
huno. Esta ilustración lo representa con corona,
látigo y espada.

agobiarse como hacían los romanos, perseguidos por la muerte en la guerra y acuciados por los impuestos en la paz. Sin duda había encontrado el bienestar y se había alejado de lo que hoy llamamos estrés.

No eran, pues, tan bárbaros. En cuanto a la descripción del historiador de la sencillez de Atila, se trasluce en ella toda la admiración que sintió por el rey huno. Cuenta que aquel banquete que Atila les ofreció se sirvió en vajilla de plata para los romanos y para los hunos huéspedes, pero que Atila solamente comió carne en un plato de madera y con un tenedor de madera. Su copa era también un cáliz de madera, mientras que al resto de los comensales se les ofrecían cálices de oro y plata. Su vestido era muy simple y solamente se preocupaba por la limpieza. La espada que llevaba al costado, los lazos de sus zapatos y la brida de su caballo carecían de adornos, a diferencia de los otros hunos (Prisco sigue diciendo escitas), que llevaban oro o piedras preciosas.

Se maravilla Prisco de su temple, que no se perturba ni se conmociona más que con la entrada de su hijo menor, Ernak, al que acaricia con afecto. Dicen que una profecía había augurado la desaparición de la raza de los hunos, pero que el niño estaba llamado a restaurarla. Una esperanza que no se hizo realidad.

6

En la Galia

Hemos dejado a Prisco, Maximino y su embajada en la corte de Atila. Hemos visto también a Bigilas partir hacia Constantinopla en busca, aparentemente, de los hunos tránsfugas causantes del desencuentro entre Atila y el emperador Teodosio, pero también sabemos que en realidad había ido a buscar el dinero para consumar una traición, lo que hoy llamamos un magnicidio.

Atila no tembló ni se inquietó. Tampoco se dio prisa. Recordemos que Edeco se lo había contado todo y que él sabía con certeza a qué iba Bigilas a Constantinopla. Podía haberle hecho empalar, como le amenazó, y, sin embargo, le dejó ir. Esperaba, sin duda, su momento.

Un sueño que se quiebra

Varias veces hemos dicho que el sueño romano de todo bárbaro, como fue el de Alarico y el de Atila, era ser ciudadano de pleno derecho, vestir la toga y participar en la vida pública del Imperio. Atila nunca alcanzaría nada semejante y su intento frustrado sería fatal para Roma. De momento, se iba a permitir el lujo de dar al emperador de Bizancio una lección de ética y bien hacer.

Partieron en buena hora los componentes de la embajada que debía llevar al emperador de Bizancio la respuesta de Atila. Entre ellos iba Prisco y por él sabemos que durante el viaje, entre Filipópolis y Adrianópolis se encontraron con Bigilas que marchaba, acompañado por su hijo Esla, hacia el territorio huno con las cincuenta libras de oro para Edeco, las que Crisafio le prometió a cambio de asesinar a Atila y que Edeco quiso recibir más tarde, en el reino de los hunos. Ni los embajadores sabían que Bigilas llevaba oro ni Bigilas tenía la menor sospecha de que Edeco ya había contado a Atila la infame propuesta de Crisafio. Se despidieron y cada uno siguió su camino.

Bigilas entró en el reino huno, por tanto, ignorante de lo que le esperaba. En cuanto traspasó la empalizada, le detuvieron y le llevaron a presencia de Atila, quien le interrogó acerca de aquellas 50 libras de oro que llevaba encima y de las que no había tenido tiempo de desprenderse. Por mucho que lloró, suplicó y mintió alegando que era dinero para comprar víveres, demasiado dinero por cierto, Atila fue inflexible. Mandó traer al hijo del traidor y ejecutarle allí mismo en presencia de su padre. Espantado, Bigilas rogó que le matasen a él puesto que Esla era inocente y nada sabía. Y, como era lógico, contó a Atila el sucio asunto del asesinato pagado.

Dado que coincidió totalmente con el relato de Edeco, Atila le creyó. Mandó poner grilletes a Bigilas y envió a Esla a Constantinopla, en compañía de Orestes, pidiendo otras 50 libras de oro por el rescate del intérprete. Pero no fueron de vacío con una simple petición, sino con una embajada bien elaborada. Orestes llevaba colgando de su cuello la bolsa en la que Bigilas había transportado las 50 libras de oro, con la orden de preguntar al emperador Teodosio y a Crisafio si la reconocían. En cuanto a Esla, llevaba un mensaje verbal para Teodosio. Un mensaje en el que Atila le recordaba que su padre, el emperador Arcadio, había sido un hombre de honor, como también lo fuera el propio padre de Atila. Sin embargo, Atila había conservado las buenas cualidades y el ejemplo de su padre, mientras que Teodosio había venido a menos y ahora era el esclavo de Atila y le tenía que pagar tributo. Además, no se comportaba correctamente con su amo, sino que atentaba contra él como lo haría un esclavo malvado. Tras la lección de moral venía la parte más difícil del mensaje, en la que Atila aseguraba que le perdonaría únicamente si le entregaba a Crisafio para castigarle. Recordemos que Crisafio era el hombre de confianza del emperador.

Atila conoció por Edeco la conjura del eunuco Crisafo para asesinarle, pero reaccionó con calma y seguridad, esperando el momento para castigar la infamia y aprovechando el asunto para dar al emperador de Bizancio una lección de ética y lealtad. Este grabado representa a Atila a las puertas de Roma.

Zenón fue un militar isaurio que intentó enrarecer las relaciones entre los hunos y el imperio de Oriente. Años después, se coronaría emperador de Bizancio. Moneda con su efigie.

A todo esto, un militar de origen isaurio (un pueblo de Asia Menor) que llegaría a ser emperador, de nombre Zenón, había hecho raptar a la hija de Saturnino, un sacerdote a quien el emperador estimaba, y a la que había prometido como esposa a Constancio, secretario de Atila. Zenón solamente quería arruinar a Crisafio, que le había ofendido, y se le ocurrió una auténtica venganza bizantina. Arrebató la novia al secretario del rey huno y la casó con uno de sus amigos, un tal Rufo. Cuando Crisafio, como hombre fuerte del Imperio, intervino y pidió al emperador confiscar los bienes de la novia para que Rufo no obtuviera la dote, Zenón respondió exigiendo la cabeza del eunuco, cosa que, desde luego, no obtuvo.

Pero cuando llegaron Orestes y Esla pidiendo también la cabeza de Crisafio para Atila, fue cuando las cosas se pusieron realmente difíciles, porque lo que realmente buscaba Zenón, a la manera retorcida de los bizantinos, era enrarecer las relaciones entre Crisafio y los hunos, sin saber que ya estaban lo suficientemente enrarecidas y que pronto terminarían de enrarecerse.

Entonces, Maximino, el jefe de Prisco en la anterior embajada, pidió al emperador Teodosio que no dejara pasar aquella cuestión sin castigar al osado Zenón. Si no tenía fuerzas suficientes para rescatar a la hija de Saturnino, lo mejor sería que pidiera refuerzos a Atila, es decir, que se aliase con los hunos para luchar contra el isaurio y su gente. Al fin y al cabo los isaurios eran una amenaza para los hunos y, además, el novio ofendido era secretario de Atila.

Aquella fue, sin duda, la mejor ocasión que pudo tener Atila para cumplir su sueño romano, luchar de la mano de las tropas imperiales y, además, dentro de las fronteras del Imperio y contra los mercenarios isaurios que eran enemigos suyos. Pudo tenerla pero no la tuvo, porque el emperador no se atrevió. O bien

Atila supo evitar el resultado de las intrigas bizantinas, soñó
quizá con ser aliado de Bizancio y luchar dentro de las
fronteras, pero nunca lo consiguió.
Iglesia bizantina de San Apolinar, Rávena, Italia.

no confiaba en Atila, o bien no le parecía suficiente objetivo recuperar a una mujer por muy
hija de sacerdote cristiano amigo suyo que fuera,
o bien no quiso enfrentarse a Zenón que era, por
cierto, *magister militum*.

Así vio frustrada Atila su intención de
aliarse con el emperador. Aquello puso fin a su
maniobra de calma y seguridad, a su paciencia
para recordar a Teodosio que él era hombre de
honor como lo habían sido sus padres y para
demostrarle que era poderoso, fuerte y seguro,
es decir, un excelente aliado para el Imperio.

LAS AMISTADES ROMANAS

Crisafio debió de temer por su cabeza, porque,
un año más tarde, Constantinopla envió una
nueva embajada a Atila formada por dos
altos personajes, Anatolio y Nomo. Además,
les acompañaba Esla, el hijo de Bigilas, con las
50 libras de oro para el rescate de su padre.
Llevaban, sobre todo, instrucciones del emperador de tranquilizar a Atila prometiéndole una
esposa para Constancio, tan noble y tan rica
como la hija raptada de Saturnino. Deberían
también explicarle que en Roma las mujeres
eran libres de casarse con quien quisieran y que
no era costumbre casarlas a la fuerza. Crisafio,
por su parte, envió una suma de oro a Atila
para hacerse perdonar su intento de asesinato.

Los embajadores romanos debían de tener
grandes cualidades diplomáticas porque no
solamente consiguieron apaciguar a Atila, cosa

que, al parecer, no resultó precisamente fácil, sino que obtuvieron de él lo que nadie podía esperar. En primer lugar, renunció a insistir pidiendo la devolución de los hunos tránsfugas, a menos que nuevos hunos se pasasen al bando romano. En segundo lugar, Atila aceptó mantener la paz que firmara con el Imperio en el año 448 y, lo que resulta más sorprendente, estuvo de acuerdo en retirarse de los terrenos que había tomado al Imperio al sur del Danubio. Bigilas obtuvo su libertad lo mismo que otros romanos prisioneros o rehenes. Mantener la paz con el Imperio era algo mucho más amplio e importante. Con este tratado, los hunos se comprometían también a luchar contra los enemigos del Imperio.

El tratado de paz renovado trajo consigo el flujo comercial y cultural entre hunos y romanos, romanos de Oriente, porque los de Occidente todavía no habían roto las alianzas con Atila. Recordemos su amistad con Flavio Aecio que duraba ya desde los tiempos en que Atila vivió en Roma para educarse y en que Aecio vivió como rehén amistoso entre los hunos. Pudo ser un intercambio.

En Oriente gobernaban el emperador, su hermana y el eunuco, pero en Occidente eran los grandes terratenientes quienes dirigían los destinos de Roma, con Flavio Aecio en cabeza, todos ellos en buenas relaciones con los hunos, que eran en este momento aliados y habían servido, como vimos, en el ejército romano luchando contra los enemigos bárbaros y defendiendo las propiedades de Roma.

Sin embargo, a partir del año 448 se empezó a notar cierto enfriamiento en las relaciones entre Aecio y los hunos. En los discursos de Atila se advierte un tono amenazador contra el Imperio romano de Occidente y, además, llegó a proteger a Eudoxio, el jefe de las mesnadas galas e hispanorromanas que se habían levantado para sacudirse el yugo de Roma.

Por su parte, Teodosio cumplió su palabra y consiguió para Constancio a una viuda noble y rica, la del embajador romano que en su día firmara con Atila el tratado de paz de Margus, Plinta. Por tanto, cuando los embajadores Anatolio y Nomo regresaron a Constantinopla después de un importante intercambio de regalos con los hunos, a cual más ostentoso y valioso, les acompañó Constancio para encontrarse con su nueva esposa.

Era el año 450. La paz restablecida y celebrada no iba a durar mucho. El 26 de julio de ese mismo año, el emperador Teodosio II, que cazaba cerca del río Lycus, cayó de su caballo con tan mala fortuna que murió dos días más tarde a causa del golpe.

A la muerte de Teodosio, su hermana Pulqueria ejerció la regencia del Imperio de Oriente, pero como una mujer no podía reinar sola, se casó con un militar recto y leal aunque de origen oscuro, Marciano de Tracia, cuyo lema hubiera podido inscribirse en el seno de las Naciones Unidas: «los reyes no deben hacer la guerra cuando sea posible conseguir la paz». No solamente fue su lema, sino que Marciano mandó esculpir esas palabras en la pared de su palacio.

El emperador Marciano decidió no continuar pagando el
tributo a los hunos y eso desató la ira de Atila quien
desechó atacar Constantinopla recordando sus murallas.
No en vano Marciano era militar.

Sin embargo, el nuevo emperador se negó a pagar el subsidio o tributo que el Imperio pagaba a los hunos a cambio de la paz y con ello desató la ira de Atila. Cuentan, además, que no fue una negativa diplomática, sino plena de desprecio, porque Marciano hizo saber al rey huno que solamente tenía oro para los amigos del Imperio, pero que tenía también hierro para sus enemigos. Recordemos que el hierro simbolizaba las armas y el oro los tributos. Furioso, Atila lanzó mil amenazas sobre Constantinopla, pero Marciano no era el débil y beato Teodosio, sino un militar curtido por la guerra, por mucho que su lema hablara de paz. Atila pensó probablemente en atacar la ciudad, pero no subestimó a su contrario. Recordó además aquellas murallas inexpugnables que protegían la capital del Imperio. En vista de lo cual, el rey de los hunos volvió su mirada oscura y furibunda hacia Occidente.

UNA PRINCESA PARA UN BÁRBARO

Atila no podía atacar al Imperio romano de Occidente para hacerle pagar la ofensa del de Oriente. Tenía que buscar un subterfugio y, sin duda, lo encontró precisamente en la Galia, donde podría enfrentarse al poderoso reino visigodo de Toulouse, aliado, como sabemos, de Roma, cuya capital por entonces era Rávena y en la que reinaba el emperador Valentiniano III o, más exactamente, su madre Gala Placidia y el general Flavio Aecio.

La princesa Honoria ofreció su mano a Atila a cambio de que
la librase de un marido impuesto. La negativa del emperador
a entregársela fue el motivo de la batalla que los hunos
mantuvieron contra el Imperio de Occidente en la Galia.
Aquí vemos a Honoria, en el centro, con su hermano
el emperador Valentiniano III y su madre Gala Placidia
en el medallón guardado en el museo Cívico Cristiano
de Brescia, Italia.

La idea de atacar la Galia puede que
surgiera de la necesidad de ampliar su Imperio
con tierras nuevas, porque lo que quedaba de
los Balcanes había sido expoliado largamente

y poco o nada podría obtener allí. La Galia era una rica provincia romana, lejos de la capital del Imperio y habitada por galos, burgundios, francos y visigodos. El pretexto le llegó de forma inopinada de la mano de la princesa Honoria, la hermana mayor de Valentiniano III.

En un lugar tan depravado y corrupto como era Roma, puede que no tuviera nada de particular, pero dicen que Honoria mantenía relaciones con un funcionario, algo indigno de una princesa romana. Se dice también que Honoria no tomó las necesarias precauciones y resultó embarazada y que, cuando su hermano lo supo, se apresuró a buscarle un marido para terminar con aquella afrenta. El mejor partido era, sin duda, Flavio Baso Hercolano, un senador rico y distinguido y, sobre todo, discreto, que daría su nombre al fruto de aquellos amores prohibidos.

Ni que decir tiene que la augusta se negó en redondo a casarse. Para reducirla, el emperador la hizo encerrar y vigilar, con el fin de que no huyese mientras se trataba su matrimonio. Pero Honoria, valiéndose de criados que le eran fieles, hizo llegar una petición de auxilio nada menos que a Atila, ofreciéndole su mano a cambio de que la librase de aquel matrimonio impuesto. En prenda y para que el huno no dudase de la realidad de su mensaje, le hizo llegar su anillo. Algunos autores opinan que Honoria no tenía ninguna intención de ofrecer matrimonio a Atila y que fue él quien así interpretó el envío del anillo, mientras que otros sostienen que efectivamente ella le envió un anillo matrimonial. El efecto, fuera cual fuera la causa, hubiera sido idéntico.

Otra vez vio Atila la posibilidad de cumplir su sueño romano casándose con la hermana del emperador y recibiendo, además, la Galia como dote, que era lo que le correspondía a Honoria. Se apresuró a exigir la mano de la princesa y la dote, utilizando una particular diplomacia, es decir, enviando una carta al emperador Valentiniano en la que le encarecía que cuidase mucho que nada malo le sucediera a su prometida la princesa Honoria, pues si algo le acaecía, él acudiría a socorrerla o a vengarla. Era el año 451.

Dicen que Valentiniano quiso matar a su hermana cuando le llegó la carta de Atila y supo que había sido ella la autora de aquel desaguisado. Afortunadamente para ella, Gala Placidia, que ya dijimos que tenía un enorme ascendiente sobre su débil hijo, intervino para salvar la vida de su hija y convencer al emperador de que se conformara con desterrarla. Así fue. Pero el problema fue que Atila se había engolosinado con ser cuñado del emperador y con reinar en la Galia. Valentiniano le escribió haciendo grandes protestas de amistad y negando categóricamente que la oferta de matrimonio de la princesa tuviese legitimidad alguna. La respuesta de Atila fue enviar una embajada a Rávena para proclamar que la propuesta de esponsales de Honoria era totalmente legítima y que si se la negaban, él mismo se encargaría de venir a reclamar lo que era ya suyo por derecho. No pudo ser. El emperador se negó en redondo. El rey huno, rugiendo de furor ante el insulto recibido, decidió tomar por la fuerza lo único que le era posible: la Galia.

Podemos imaginar el furor de Atila, su frustración ante el insulto de Roma y el ansia de destrucción que debió invadirle. Se consideraba su amigo, su aliado y era además capaz de librarles de la amenaza de los vándalos si se atrevían a llegar a Roma. Él hubiera sido, sin duda, el mejor cuñado que hubiera tenido el débil emperador, el mejor amigo y el mejor paladín de la causa romana. Y hubiera ceñido, además, la corona de la Galia.

Todo aquello resultó una verdadera catástrofe para Roma. Por un lado, Atila se lanzó a la captura de la Galia y, después, a pesar de la derrota que sufrió, se presentó amenazador a las puertas de Roma.

BAJO LOS CASCOS DE SU CABALLO NO CRECÍA LA HIERBA

En el año 451, la noticia de que los hunos avanzaban de forma vertiginosa hacia París, que entonces se llamaba Lutecia, sembró el terror entre sus habitantes, que procedieron a empaquetar sus pertenencias y se dispusieron a abandonar sus hogares. Pero todos los momentos de terror tienen sus visionarios y los habitantes de la ciudad pudieron ver a una mujer que recorría las calles empuñando una cruz y exhortando a la penitencia en vez de huir porque, advirtió, el premio a sus rezos sería que Atila pasaría de

A partir del momento en que se rompieron sus relaciones amistosas, Atila se convirtió en un caudillo feroz y despiadado que hizo honor a una frase que lo ha descrito en la historia: donde pisa su caballo, la hierba no crece.
Detalle de *Atila y sus hordas destruyen Italia y las artes*, de Delacroix (siglo XIX), Palais Bourbon, París.

largo por París para atacar Orleans. Era Catalina de Nanterre, santa, por cierto, porque, aparte de la vida ejemplar que llevó durante toda su existencia, tuvo razón. Atila pasó de largo.

Desde Europa central, Atila había ido conquistando pequeños reinos ostrogodos, reuniendo guerreros vencidos y preparando un golpe sobre la Galia para doblegar la voluntad de Roma. Cuando tuvo un ejército de escitas, sármatas, gépidos, ostrogodos, turingios[15], alanos y burgundios, preparó el ataque. Se les unieron algunos pueblos francos y otros germanos. Un formidable ejército de medio millón de hombres que llevaba al frente un caudillo invencible, bajo los cascos de cuyo caballo no crecía la hierba. Cruzó el Rin y Maguncia, en los límites entre Alemania y Francia, en la primavera del año 451 y devastó cuanto halló en su camino hasta llegar al Loira.

La marcha de Atila hacia Occidente tuvo un efecto rebote. Produjo una reacción de pánico en los visigodos, los burgundios y los francos que ya consideraban la Galia como su tierra. Entonces, Flavio Aecio, aquel que fuera amigo de la infancia del rey huno, no tuvo dificultades para reunir un ejército tan formidable como el suyo, compuesto por francos, alanos, visigodos y burgundios, que combatirían como

---

[15] Turingia es una región contigua a Sajonia, cubierta de espesos bosques. Sus pobladores primitivos fueron los turingios, un pueblo germano de origen desconocido y cuya primera aparicición registrada en la historia fue unirse a las huestes de Atila para invadir la Galia en el año 451.

Metz se encuentra en el camino que va de Bélgica a París. Teodorico aceptó unirse a las tropas romanas de Aecio cuando comprendió que los hunos habían entrado en Francia desde Bélgica, habían tomado Metz y avanzarían hasta invadir su propio reino. Vista de la ciudad desde el Mosela.

federados junto a Roma para defenderse de aquel terror que avanzaba.

Atila llegó a la actual Bélgica con un ejército que Jordanes cifra en medio millón de hombres. Casi 600.000 hombres al mando de Atila y 400.000 al mando de Aecio y Teodorico. Era el año 451. El 7 de abril, ya estaban en Metz. Esta ciudad francesa se caracterizó por su extraordinaria resistencia a los ataques de invasores y enemigos. Fue una de las últimas plazas fuertes romanas que cayeron en manos de los germanos; sin embargo, no pudo resistir el ataque de los hunos. Pero para Roma, fue un aviso.

Entonces, Aecio envió una embajada al rey visigodo Teodorico, con Avito al frente, cuya capacidad diplomática consiguió la alianza del godo para el ejército de Roma, olvidando las viejas diferencias entre él y Flavio Aecio. Ahora, no solamente Roma le necesitaba, sino su propia nación, ya que Teodorico reinaba en Toulouse y los hunos, si no se les detenía, continuarían avanzando hacia el sur e invadiendo su reino. Teodorico acudió llevando consigo a sus dos hijos, Turismundo y Teodorico.

Dicen que las tropas de Atila, mal organizadas, fracasaron cuando intentaron asaltar Aurelianum (la actual Orleans), como había profetizado Catalina de Nanterre. No tenían práctica en asedios largos y su ataque careció de la conexión necesaria. Era mucha gente de diferentes culturas, idiomas y creencias. Y eso fue lo que dio tiempo a Aecio para levantar el ejército que había de repeler el ataque de los hunos. El mismo Teodorico tuvo tiempo de llegar a auxiliar al ejército romano y a ponerse a la cabeza de las tropas al lado de Aecio. La profecía de Catalina no se cumplió, al menos en su parte catastrófica, porque la toma de Orleans nunca tuvo lugar. Se lo impidieron los romanos y los visigodos, que consiguieron detener el avance de los hunos y empujarlos hacia Chalons en Champagne, donde tendría lugar la madre de todas las batallas.

UNA LUCHA FRATRICIDA

Los pueblos que lucharon en ambos bandos eran hermanos, pero se dividieron para ponerse junto a uno u otro caudillo. De esa manera, no solamente fue una lucha fratricida entre los dos amigos de la infancia, Atila y Aecio, sino entre visigodos y ostrogodos, entre francos del alto Rin y francos del bajo Rin, entre germanos y germanos. Para aquellas gentes, la alianza y el vasallaje eran mucho más poderosos que los lazos de sangre o de familia.

Se encontraron en los llamados Campos Cataláunicos, cerca de la actual Troyes. El nombre procede de los celtas catalaunos, que se habían establecido allí tiempo atrás. Jordanes asegura que aquella batalla cambió el curso de la historia. En una llanura algo inclinada, se enfrentaron dos ejércitos poderosísimos. El flanco izquierdo del ejército aliado, constituido por soldados romanos, llevaba en cabeza al general Flavio Aecio. El flanco derecho, constituido por soldados visigodos, llevaba en cabeza al rey

La batalla de los Campos Cataláunicos fue una lucha fratricida entre pueblos hermanos. El resultado fue la derrota de Atila y el fin del mito del caudillo indomable. *Los hunos en la batalla de los Campos Cataláunicos*, de Alphonse de Neuvile.

Teodorico. Los aliados más débiles quedaron en el centro, entre ambas alas del formidable ejército romano, porque Aecio conocía a Atila y conocía también su forma de atacar, lo que siempre hacía por el centro con el grueso de su ejército. Así fue. Mientras los hunos avanzaban por el centro, los romanos y los visigodos destrozaron los flancos del ejército de Atila y luego se cerraron sobre el centro.

Flavio Aecio había tenido tiempo para preparar el área de la batalla, arrasando los campos de alrededor, con lo que impidió el abastecimiento de los hunos. De esta forma, la superioridad numérica de Atila se contrarrestó con la fatiga de sus hombres. Como, además, Aecio conocía la fuerza y destreza de los hunos en la batalla, preparó los prados sembrándolos de agujeros y zanjas para entorpecer las cargas.

Al principio, Atila fue prudente y no atacó con la caballería, sino con la infantería formada por ostrogodos. Estos atacaron el flanco izquierdo de las fuerzas romanas defendido por la infantería visigoda, hombres de a pie que tuvieron desventaja cuando atacaron los jinetes hunos. El apoyo de los arqueros alanos les permitió mantener las posiciones a pesar de las numerosas bajas que ocasionaban los jinetes.

Atila, que había demostrado un uso inteligente de sus fuerzas, lanzó un ataque masivo al cuarto día con su propia caballería contra el grueso del ejército romano que trató de contrarrestar con una carga similar de la caballería romana y una lluvia de flechas de los arqueros alanos. Esto, junto con las zanjas camufladas preparadas por los hombres de Aecio, obligó a los hunos a desmontar y seguir el combate a pie. Una tremenda desventaja. Hemos visto que no descabalgaban ni para comer.

TEODORICO I

No confundamos a Teodorico I con Teodorico el Grande. En primer lugar, Teodorico el Grande fue ostrogodo y rey de Italia, mientras que Teodorico I, conocido también como Teodoredo, fue visigodo y gobernó el reino de Toulouse, Francia, extendiéndolo a Hispania. Luchó junto a Flavio Aecio contra Atila en los Campos Cataláunicos, donde murió. Le sucedió su hijo Turismundo.

La batalla fue larga y sangrienta. En su transcurso, el caudal del río fue creciendo y tiñéndose de rojo con la sangre derramada por ambos bandos. La noche puso fin al enfrentamiento, pero al día siguiente se pudieron contemplar miles de cadáveres tendidos sobre los campos.

Cuando comprendieron que los hunos no se iban a aventurar a lanzar otro ataque, dado el estado deplorable de sus fuerzas, romanos y godos dieron por ganada la batalla. Pero Teodorico no apareció. Le buscaron largamente entre los heridos y luego entre los muertos. Finalmente, apareció su cadáver atravesado por la lanza fratricida de un ostrogodo.

7

En Roma

Flavio Aecio, su amigo de la infancia, había destruido definitivamente su sueño romano. Había derribado también el mito del caudillo invencible, después de su derrota en los Campos Cataláunicos, pero, sobre todo, había terminado con su deseo de pertenecer algún día al Imperio. Ahora era su enemigo. Se acabó el Atila amigo y aliado de Roma. Tras la derrota sufrida en la Galia, Atila se convertiría definitivamente en el azote de Dios, del dios cristiano.

EL AZOTE DE DIOS

Sin embargo, Aecio no terminó con él, cuando podía haberlo hecho perfectamente. Más bien,

Los visigodos regresaron a Toulouse para organizar la sucesión tras la muerte de Teodorico. Eso dejó el campo libre a Atila para huir con las tropas que le quedaban.
Pieza del tesoro visigodo de Guarrazar, Toledo.

le dejó escapar junto con los hombres que quedaron con vida. Hay quien asegura que lo hizo en recuerdo de aquella vieja amistad truncada por la ambición del huno, pero hay también otras versiones más realistas. Dicen que Aecio pudo conseguir una victoria completa, pero que temió que el aumento de poder de los visigodos, inflados por haber derrotado a los hunos, daría un resultado perverso para Roma, porque serían mucho más difíciles de manejar. Por eso sacrificó la victoria y dejó marchar a Atila o, mejor dicho, dejó un momento en blanco que Atila aprovechó para escapar.

Ese momento en blanco pudo suceder tras el hallazgo del cadáver de Teodorico. Recordemos que llegó junto a los ejércitos romanos en compañía de sus dos hijos Teodorico y Turismundo. Parece que Aecio quiso aplicar la vieja estrategia romana de dividir y vencer, alentando a unos contra otros para conseguir un enfrentamiento. Y parece que alentó a Turismundo a luchar por el trono que su padre había dejado vacante. No solamente le alentó, sino que le liberó, porque Aecio había mantenido a Turismundo como rehén, en previsión de que Teodorico se echara atrás y abandonara en algún momento la lucha contra los hunos.

Le salió mal. Turismundo partió hacia Toulouse, en busca de su destino de futuro rey godo llevando consigo sus ejércitos y Aecio se quedó solo con sus soldados romanos frente a los hunos. Los hunos no tenían ya fuerza ni posibilidad de volver al ataque, como dijimos anteriormente, simplemente utilizaron el resquicio para huir, para reorganizarse y para preparar una nueva campaña contra el Imperio.

Más tarde, Turismundo inició una política expansiva, hasta que sufrió una derrota al tratar de asediar Arles, ya en el año 453. Una derrota que Aecio supo aprovechar. Poco después Turismundo fue asesinado por su hermano, que se convirtió en rey con el apoyo de Aecio. Reinó con el nombre de Teodorico II. Como vemos, el fratricidio seguía siendo un sistema seguro de llegar al poder.

Dos años antes, tras la victoria de los Campos Cataláunicos, Roma desbordaba de alegría y triunfalismo. Por fin, las valerosas tropas del Imperio habían derrotado a los temibles hunos y habían terminado con su fama de invencibles. El emperador Valentiniano III hizo acuñar monedas en las que aparecía vestido de militar con el pie apoyado sobre el enemigo derrotado.

No era cierto. No fue Roma ni mucho menos el débil emperador Valentiniano quien derrotó a los hunos, sino la coalición de godos, burgundios, alanos y francos los que lo consiguieron. Roma no hubiera sido nada sin ellos, de hecho, ya no era nada. Estaban lejos los días de triunfo en que las legiones romanas conquistaban, derrotaban y sometían a los pueblos bárbaros. El Imperio apenas tenía ya fuerza y salud. La prueba es que pronto vendrían de nuevo los bárbaros, primero Atila y después Genserico, a humillar a la Urbe y a obligar al Papa a comprar la paz, cada vez a un precio más elevado.

En el año 452, recuperadas las fuerzas y las tropas, Atila entró de nuevo en Italia, según algunos autores, a reclamar su matrimonio con Honoria. Había reorganizado su ejército y puso sitio a la ciudad de Aquilea, en el extremo norte del mar Adriático. Tres meses duró el asedio, hasta que consiguió tomarla y destruirla hasta sus cimientos. Dicen que parte de sus habitantes se refugiaron en unas zonas cenagosas próximas, formando un asentamiento que más tarde se convertiría en la ciudad protegida de Venecia, la que se ha llamado reina del Adriático[16].

Sin detenimiento ni compasión, Atila siguió avanzando hacia el sur con su nuevo lema: donde pisara su caballo no volvería a crecer la hierba. Tras Aquilea, atacó Padua, Verona, Brescia, Bérgamo y Milán, sin que Aecio pudiera detenerlo a falta de potencia militar suficiente para presentarle batalla. Finalmente, un año más tarde, los hunos dejarían Italia, pero no fue el ejército romano el que los expulsó, sino la peste y la hambruna, mucho más poderosas que los soldados.

Cuentan que un ermitaño cristiano le llamó por primera vez «azote de Dios», es decir, le identificó con la forma en la que Dios castigaba a los hombres por sus pecados, cuando supieron de su avance inexorable hacia el sur,

---

[16] En el año 466, un grupo de italianos se reunían en Grado para formar el primer gobierno independiente de Venecia. Eran fugitivos de ciudades arrasadas por los hunos de Atila, escondidos en los islotes de la laguna.

Cuando Genserico decidió saquear Roma, fue mucho más duro que Atila unos años atrás. El papa León convenció al huno con un buen bocado del tesoro de San Pedro, pero Genserico no se conformó más que con el permiso para robar y saquear, aunque renunciando a incendiar y a torturar a sus víctimas. *El saqueo de Roma por los vándalos*, de Heinrich Leutemann, (siglo XIX).

¡CUÁNTAS COSAS QUE ROBAR!

La promesa de casar a la hija de Valentiniano con el hijo de Genserico terminó en un desastre. En el año 455, antes de que se celebraran los esponsales y unos años después de la historia de la princesa Honoria con Atila, Valentiniano III murió asesinado por quien fue su sucesor, Petronio Máximo, algo bastante habitual en aquellos tiempos como medio para conseguir el trono. Se dice que el emperador había ofendido gravemente a la esposa de Petronio Máximo. No obstante, otros autores, como Hidacio y Jordanes, aseguran que fueron dos familiares de Aecio los que asesinaron a Valentiniano III. Téngase en cuenta que Valentiniano había asesinado a Aecio unos años atrás.

En todo caso, dado que Máximo era, al fin y al cabo, un usurpador, hubo de recurrir al mejor método para legitimar su ascenso al trono de la *Pars Occidentalis* del Imperio: casar a su hijo con la hija del emperador muerto, Eudoxia. Le quitó, pues, la novia al hijo de Genserico, con las consecuencias previsibles.

Pero la princesa Eudoxia se comportó igual que se había comportado unos años antes su tía Honoria y, como no aceptó un matrimonio impuesto, hizo saber a Genserico que querían casarla en contra de su voluntad y que le ofrecía su mano si la libraba del hijo del asesino de su padre. Y cuentan que Genserico no se lo pensó dos veces, sino que decidió que, puestos a emparentar con el Imperio, mejor él que su hijo.

Los vándalos se presentaron en la desembocadura del Tíber poco después, reclamando lo prometido. Petronio Máximo fue asesinado por una turba de romanos desesperados cuando trataba de huir de la inminente llegada de los vándalos. Pocos días después, cuando Genserico hizo su entrada en Roma, el único que salió a defender la ciudad fue el papa León I, el mismo que, según dicen, tres años antes había salido a recibir a Atila. A Atila le había convencido con un buen bocado del tesoro de San Pedro, pero Genserico no fue tan fácil de convencer. Exigió el derecho a saquear Roma y el Papa le autorizó con la condición de no matar a las víctimas ni torturarlas para que confesaran dónde habían escondido sus tesoros. Genserico se llevó consigo a la emperatriz viuda Licinia Eudoxia y a las dos princesas: Eudoxia, la que había sido prometida para su hijo, y Placidia. Y cuentan que se maravilló al ver Roma y que no cesaba de proferir exclamaciones como: «¡Cuántas cosas que robar!».

dejando una máscara de terror en los rostros de los que lograban escapar de la muerte. Esta vez ni el mismo Aecio pudo pararlo. Con paso firme se iba acercando cada vez más a la capital del Imperio, dejando asentamientos en las zonas por las que iban pasando. Parece que el emperador, asustado por las noticias que le llegaban desde el norte, intentó acordar la paz mediante emisarios, pero Atila no aceptó y continuó arrasando cuanto encontraba a su paso.

Cuando se supo que se dirigía a Roma, el débil Valentiniano III se quedó semioculto en Rávena, protegido por sus murallas y sin ánimo ni valor para hacer nada que no fuera temblar y rezar por su suerte.

La leyenda del papa diplomático

Tiempo atrás, cuando Alarico entró en Roma y se atrevió a violar a la Urbe, los romanos vieron un castigo de sus dioses, del que Alarico no fue más que el instrumento. Efectivamente, desde que el emperador Teodosio el Grande estableciera el cristianismo como religión oficial del Imperio, los dioses romanos habían sido prohibidos y convertidos en demonios y, sus templos, devastados y arruinados. Como todas las religiones monoteístas, el cristianismo siempre ha sido intolerante y eso fue precisamente lo que le había cerrado, hasta Constantino, las puertas de Roma. De igual manera, la intolerancia del judaísmo acarreó no pocos problemas y enfrentamientos a los judíos y a Roma[17]. Sin embargo, los romanos eran eclécticos y sumamente tolerantes, al ser su religión politeísta, pues admitían y honraban a todos los dioses de los que tuvieran conocimiento. Pero

---

[17] Los judíos se levantaron numerosas veces contra Roma encabezados por los distintos mesías que surgieron en los siglos I y II. Los castigos fueron ejemplares y muchos de ellos han sido tomados como persecuciones cristianas.

Los romanos acusaron a la intolerancia cristiana del castigo
que sus dioses vejados les enviaron en la persona de Alarico.
Roma fue siempre ecléctica y tolerante, como todos los
pueblos politeístas, al contrario que las religiones monoteístas
que convierten en demonios a los dioses que no son el suyo.
Aquí aparece San Ambrosiorepresentado con ell látigo de tres
correas con el que azotaba a los herejes

no permitían que se vejara a los suyos porque la paz de los dioses era la paz de Roma.

En el año 410, por tanto, tras la caída de Roma, el Papa que entonces era Inocencio I no tuvo más remedio que reponer el culto de al menos dos de los dioses protectores de Roma, Marte y Jano. Lo hizo por evitar que la revuelta popular llegase a más.

En el año 452, se dice que los habitantes de Roma, viendo que el emperador los dejaba a su suerte y se escondía en Rávena, se confiaron a la única autoridad que les quedaba, el Papa. Hay varias versiones de lo sucedido y lo único que se conoce con certeza es el resultado. Atila se detuvo en el Po, dio media vuelta y dejó a Roma en paz.

La versión tradicional cristiana afirma que el papa León I fue al encuentro de Atila vestido con toda la gala y magnificencia de que fue capaz, lo que parece que asustó al supersticioso caudillo que no temía a los romanos, pero sí a la cólera de su dios. Otra versión más realista cita al senador Gennadius Avenius como autor de la idea de enviar al Papa al encuentro con el bárbaro con una embajada formada, entre otros, por el prefecto Trigecio y el cónsul Avieno y menciona un sustancioso rescate, algo, por cierto, muy habitual en aquellos tiempos. Se evaluaba lo que el invasor iba a saquear y se le ofrecía un valor similar en oro, plata o tesoros, con lo cual nadie salía perdiendo. Según esta versión, Atila inició la retirada tras el encuentro sin reclamar ya ni su matrimonio con Honoria ni el saqueo de Roma.

La tradición cristiana cuenta que el papa León I convenció a Atila para que no atacase Roma utilizando únicamente armas místicas. Lo cierto es que, si fue él quien le convenció, fue pagándole el valor del saqueo con un buen bocado del tesoro de San Pedro. *Atila y el papa León I*, del *Chronicon Pictum* (siglo XIV).

Cuentan también que Atila era muy supersticioso y que las personas que tenían nombre de animal le causaban un enorme respeto; el papa se llamaba, precisamente, León. Dicen también que sintió gran curiosidad por conocer al representante en la Tierra de ese dios de los romanos y saber cómo pensaba, y accedió a entrevistarse con él. Tras un encuentro muy cordial, el Papa le ofreció un enorme tributo y Atila aceptó retirarse.

No parece que esto sea muy verosímil ni que Atila pudiera sentir respeto por un nombre ni tener el menor interés por el dios de los romanos ni por su representante. La mayoría de los bárbaros despreciaba a los gobernantes romanos cuando los veían postrarse ante los obispos cristianos. A ningún jefe huno ni godo ni burgundio ni alano se le hubiera ocurrido arrodillarse ante un sacerdote. Incluso se cuenta que el emperador Valentiniano II murió a manos del rey franco Arbogasto, quien le despreciaba por haberle visto inclinarse a besar el anillo pastoral del obispo Ambrosio.

Explicaciones e interpretaciones hay para todos los gustos. A propósito de los temores supersticiosos de Atila, cuenta Prisco que fue el destino de Alarico el que le aterró, ya que el rey godo murió poco después del saqueo de Roma. Próspero de Aquitania, por su parte, afirma que el papa León, ayudado por San Pedro y San Pablo, le convenció para que se retirara de la ciudad. Para otros autores, el éxito diplomático se debió al gran carisma del Papa, dado que, por mucho dinero que le ofreciesen, él no tenía más que entrar a tomarlo por la fuerza.

Lo que sí sabemos es que, en el año 452, cuando Atila aproximó su rostro hosco y amenazante a las puertas de Roma, las gentes se retiraron asustadas. Ricos y pobres, plebeyos y patricios huyeron de los bárbaros que se aproximaban. Sabemos que también el Papa, que ya entonces era León I, huyó a Mantua junto con un grupo de nobles entre los que se contaban el cónsul Aulano y el prefecto Trigecio.

Y parece que León I no tenía miedo a Atila ni se preocupó por lo que Atila pudiera hacer en Roma. Para él, los verdaderos enemigos eran Nestorio y Eutiques[18], dos herejes orientales empeñados en tergiversar la doctrina romana y en discrepar de los dogmas. Lo sabemos porque, en aquellos momentos de tensión, se dirigió al emperador Valentiniano III no para rogarle que enviara soldados a las puertas de Roma para proteger a las gentes del asalto huno, sino para exigirle que expulsara del Universo a los dos herejes (Fuente: Antonio Castro Zafra, *Viajes papales, Historia 16,* número 130).

LA PRINCESA BURGUNDIA

Atila se marchó de Italia, como dijimos, no por temor supersticioso al dios cristiano ni por el empuje de las tropas romanas, sino porque se declaró una epidemia de peste que amenazó con diezmar a los hunos y llegar a ser más nociva que la batalla perdida en la Galia. Además, el emperador de Oriente, Marciano, que seguía

---

[18] Eutiques participaba de la corriente teológica que afirmaba que en Cristo había una única naturaleza, la divina, que absorbía a la naturaleza humana, el monofisismo. Nestorio, por su parte, admitía las dos naturalezas de Cristo, pero aseguraba que María, una mujer de carne y hueso, no podía ser madre de la naturaleza divina, sino solo de la humana. Todo esto era fruto de la naturaleza especulativa de los bizantinos, al fin y al cabo, griegos.

negándose a pagarles el tributo o subsidio que acordaran con Teodosio II, les enfrentó desde el otro lado del Danubio. Ya hemos dicho que era un soldado y no un niño malcriado como muchos de los emperadores romanos.

Entonces, Atila se revolvió contra él y dirigió sus tropas a Oriente, liberando a Occidente de su presencia. Pero no vivió lo suficiente para enfrentarse a Marciano ni para lograr su siguiente sueño de derribar los dos imperios, el de Oriente y el de Occidente. Ya que no podía disfrutarlos, deseó destruirlos.

En el año 453, Atila regresó a Panonia, a su reino, para reorganizarse y preparar un nuevo ataque. Primero, iría a Oriente a cobrarse el tributo que le negaba el emperador Marciano. Después, iría a Occidente a terminar la tarea inconclusa que allí dejó, el saqueo de Roma.

Pero aquel año, en el mes de marzo, se enamoró de una princesa burgundia llamada Ildiko y decidió casarse con ella inmediatamente. Celebró las bodas en su palacio de madera junto al río Tisza. Bebió y comió más de lo habitual en él, pues le hemos conocido parco y austero y se cuenta que aquella noche brindó con cada uno de sus numerosos invitados. Después de la fiesta, Atila subió a sus aposentos con su esposa. No sabemos qué pasó, solamente nos ha llegado la noticia de que, a la mañana siguiente, sus hombres le encontraron en el suelo en un charco de sangre y a Ildiko, cubierta por un velo, llorando en un rincón.

Se ha especulado con una hemorragia nasal que le hizo perecer ahogado, ya que no fue capaz de levantarse debido a la borrachera de aquella noche. Cuentan que en sus últimos años padecía hemorragias nasales y que sufrió una durante el sueño; debido al alcohol ingerido no reaccionó y se ahogó en su propia sangre y vómito sin que su aterrorizada esposa pudiera hacer nada.

No parece que Atila fuera capaz de perder el control con el vino hasta el punto de morir por asfixia. Se ha especulado también con un aneurisma que pudo causarle la muerte en pocos minutos. Tampoco han faltado quienes han atribuido la muerte de Atila a un asesinato perpetrado por un espía del propio Aecio o, incluso, por su propia esposa Ildiko, a la que algunos literatos han retratado como a una nueva Judith. Si ella le hubiera dado muerte, sin duda se habría encontrado la herida causante de la sangre derramada.

El relato de Prisco dice que, tras los festejos de celebración de su última boda con una goda llamada Ildiko (no burgundia, sino goda), sufrió una grave hemorragia nasal que le ocasionó la muerte.

El tesoro de Atila

Al día siguiente, cuando descubrieron su cadáver, sus hombres se cortaron los cabellos en señal de duelo y se hirieron las mejillas con sus propios cuchillos y espadas, arrancándose trozos de piel, porque, según cuenta Jordanes, «el más grande de todos los guerreros no había de ser llorado con lamentos de mujer ni con lágrimas, sino con sangre de hombres». Colocaron su cuerpo en tres sarcófagos superpuestos de hierro, plata y oro junto con el tesoro procedente del botín de sus conquistas y lo expusieron en una tienda de seda. No es casualidad que los xiongnu enterraran también a sus jefes en sarcófagos triples, uno dentro de otro, conteniendo el cadáver, sus pertenencias y un tesoro, lo que se ha comprobado por dibujos encontrados a principios del siglo xx en las excavaciones de Noin Ula, en Mongolia. Cada vez parece más posible que fueran sus antecesores.

Cuenta Jordanes que, después de enterrar a su caudillo, ejecutaron a los que habían participado en el enterramiento, para que no revelaran el lugar en que se encontraba la tumba con el tesoro. Los húngaros, que se dijeron descendientes de los hunos, se ocuparon en vano de buscarlo. Los hemos visto recorrer Europa en el siglo ix, aterrando a los romanos que los confundieron con los hunos, cuando eran hordas salvajes cuyo único objetivo era pillar, saquear y destruir. También son probables descendientes suyos algunos habitantes de Bulgaria y Rumanía. Los hunos vivieron allí y existen grupos étnicos que los reivindican como ascendientes.

La historia sigue mezclada con la leyenda porque Atila, después de su muerte, continuó viviendo en sagas y romances germanos con distintos nombres y con distintos caracteres. Así, en el *Cantar de los Nibelungos*, lo encontramos con el nombre de Etzel acogiendo en

Según la historia y/o la leyenda, Atila fue enterrado en tres sarcófagos junto con un inmenso tesoro, como era, por cierto, la costumbre xiongnu. Su tumba, un túmulo de piedras y tierra, jamás se encontró. En este medallón aparece como un caballero medieval.

su corte a Crimilda. Un Etzel, por cierto, que poco tiene que ver con Atila, porque no se atreve a pedir la mano de la princesa temiendo su rechazo por ser ella cristiana.

Jordanes narró los funerales de Atila en su *Saga de los godos*. Su cuerpo fue expuesto bajo un pabellón de seda, en torno al cual algunos guerreros galoparon frenéticos en círculo, mientras otros entonaban un canto funerario: «Después de haber cumplido felizmente todas esas empresas, murió, no por herida enemiga ni por traición de los suyos, sino entre su pueblo, intacto y seguro, contento, con alegría, sin dolor. ¿Quién, por tanto, podría imaginar esa muerte como un verdadero final, si nadie puede pensar en vengarla?».

LOS HIJOS DE ATILA

Su imperio no le sobrevivió. Su muerte fue un durísimo golpe para los hunos y un motivo de alegría exagerada para los romanos. El Imperio con tanto esfuerzo y tanta sangre conseguido se dividió entre sus numerosos hijos y se debilitó terminando por desintegrarse, como tantos se desintegraron al faltar su líder. En esto, los hunos no fueron distintos de otros pueblos ni de otros conquistadores ni su Imperio prevaleció más que los otros Imperios.

No se sabe cuántos hijos tuvo Atila pero parece que, en principio, su sucesor fue su hijo Ellak, quien pronto habría de hacer frente a la sublevación de sus hermanos Dengizek y Ernak. En todo caso, Atila había muerto súbitamente sin dejar designado heredero y eso pudo ser el origen de la pugna. También era habitual entre los pueblos bárbaros dividir la nación entre sus hijos, como hemos visto también hacerlo al emperador romano Teodosio el Grande. Terminaron por dividirse el Imperio, según parece, mediante sorteo. Cada nuevo rey se retiró a sus tierras, con lo que el Imperio huno se desmembró en multitud de pueblos y tribus independientes, cada uno con sus propios intereses, sin que ninguno de los hijos de Atila fuera capaz de erigirse como caudillo único y reunir bajo su mando un contingente numeroso de guerreros. Poco después comenzaron a surgir disputas por el liderazgo del reino, una discordia cuya noticia llegó a oídos de sus nuevos enemigos y antiguos aliados.

En el año 455, aquellos pueblos que habían sido los aliados de Atila se levantaron contra sus sucesores, contra sus hijos. Precisamente quien encabezó la sublevación fue uno de los hombres de confianza del propio Atila, el rey de los gépidos, Ardarico, al que pronto se agregaron los esciros, los suevos y otros muchos. Si se mantuvieron fieles al padre fue, sin duda, por admiración hacia el guerrero firme y fuerte que supo aglutinarlos y dirigir sus destinos con puño de hierro. Desaparecidas esas virtudes, nada había que los retuviera junto a sus hijos. Los bárbaros no suponían que la majestad emanara de los dioses ni que el rey lo fuera por designio divino. El caudillaje había que ganárselo y los hijos de Atila no hicieron honor al nombre de su padre.

La batalla que decidió la suerte de los hunos tuvo lugar en Panonia, junto al río Nedao, según cuenta Jordanes, donde «la lanza del gépido, la espada del godo, la flecha del huno, la infantería sueva, las armas ligeras de los hérulos y las pesadas de los alanos se cruzaron». Cayeron unos 30.000 hombres, entre ellos Ellak, el hijo mayor de Atila. Sin duda, como dice Jordanes, su padre hubiera envidiado esa suerte. Es posible, como apuntan algunos autores, que el emperador Marciano apoyara a los rebeldes y facilitara el final de los hijos de Atila.

A la muerte de Ellak, sus hermanos y los hunos restantes abandonaron Panonia, que sería tiempo después recuperada o, al menos, mirada como objetivo, por el emperador Avito y se establecieron al otro lado de los Cárpatos, volviendo a las orillas del mar Negro, donde siglos atrás los vimos expulsando a los godos para formar su propio reino.

Sabemos por Jordanes que Ernak, el hijo menor de Atila, al que vimos acariciar con ternura por creerle llamado a reconstruir la raza de los hunos, se estableció en el extremo de la provincia de Escitia Menor, que es la actual región de Dobrogea, hoy localizada entre Rumanía y Bulgaria. El otro grupo de hunos se encontraba todavía en la actual Serbia. Desde ambas posiciones, los dos grupos de hunos aún tuvieron la oportunidad de vengarse de los ostrogodos. Los atacaron cuando ya estaban aislados de las restantes tribus y pueblos germanos, lo que tuvo lugar hacia el año 456. Se acercaron a Panonia, donde reinaba el rey ostrogodo Valamiro, pretextando ir en busca de algunos esclavos fugitivos y atacaron por sorpresa, sin dar tiempo a Valamiro a pedir refuerzos a sus hermanos establecidos en zonas próximas.

No los necesitó. Ninguno de los caudillos hunos que encabezaban el tropel de guerreros era Atila. A pesar de tener pocos efectivos, Valamiro los expulsó de Panonia adonde solamente regresarían una vez en el año 463 para sufrir una nueva y definitiva expulsión. Se encaminaron al mar Negro, a sus orígenes europeos, donde los hunos de Uldín se habían establecido mucho tiempo atrás. Dice Jordanes que los que allí se asentaron fueron dos familiares de Ernak, el menor de los hijos de Atila. Pronto invadirían tres provincias, lo que hoy es Rumanía, haciendo huir de ellas a los romanos.

Desde allí, nuevos grupos de hunos se aproximaron al Imperio para adherirse a él como aliados o mercenarios. No para atacarlo. De hecho, parece que, entre los años 457 y 461, pelearon contra los vándalos al lado del emperador Mayoriano que había reunido para ello un ejército compuesto exclusivamente de bárbaros a los que levantó, según Jordanes, «a unos por las armas y a otros por las palabras». Mayoriano envió un ejército de hunos al mando de Tuldila a proteger la isla de Sicilia de las invasiones de los vándalos que atacaban por el mar. Pero no le sirvió de mucho, porque pronto se dejaron sobornar por los vándalos y abandonaron su objetivo. No eran aliados fiables ni estables.

Otro de los hijos de Atila, Dengizek, al que Jordanes denomina rey de los hunos, volvió a Panonia en el año 463, cuando los ostrogodos volvieron a atacar a otras tribus de hunos. Sufrió una nueva derrota. El año 466 es el último en que tenemos noticias de Dengizek. En ese año, Constantinopla recibió una embajada de los hijos de Atila solicitando un tratado que les permitiera comerciar con las ciudades situadas a orillas del Danubio. El emperador Marciano, ya desaparecido, había prohibido en su tiempo vender a los bárbaros hierro, armaduras y armas. Una medida lógica, por cierto, que se mantenía vigente en tiempos del emperador León quien, además, no aceptó tratado alguno con los hijos de Atila, porque no vio motivo por el que aquellos que tanto daño habían causado al Imperio pudieran ahora beneficiarse de acuerdos comerciales.

La reacción de los hunos tuvo diversos matices, como diversos eran sus objetivos y sus caudillos. Algunos se mostraron dispuestos a abandonar las filas hunas para someterse al Imperio, donde no les faltarían medios de subsistencia. Dengizek, al que vimos llamar rey de los hunos por Prisco, propuso atacar Constantinopla, pero su hermano menor Ernak, el que había de resucitar la raza de los hunos negros, se opuso porque debió considerar las nulas posibilidades que tenían de salir ganando. Además, bastante tenía él con solventar las revueltas interiores de su gente.

Dengizek, como si de su padre se tratara, decidió marchar solo contra Bizancio y, además, para acabar de emularle, se atrevió a ignorar una embajada del *magister militum* de Tracia y a enviar una demanda de tierras y dinero al propio emperador León. Dengizek, por mucho que Prisco le llamara rey de los hunos y por mucho que intentara emular a su padre, no era Atila. Ante la negativa del emperador, se atrevió

Castra Martis. Bulgaria. Aquí se asentaron algunos de los
grupos de hunos desperdigados tras la muerte de Atila.

a atacar las provincias romanas creyendo que el Imperio andaba escaso de tropas porque tenía que defender sus fronteras de los vándalos.

Dos años más tarde, su cabeza apareció clavada en una pica, llevada en procesión a lo largo de la Mesé, la calle de los plateros y la vía más elegante de Constantinopla, tras lo cual fue expuesta en una de las puertas de la ciudad, para curiosidad y regocijo del pueblo bizantino.

EL ÚLTIMO HUNO

El Imperio huno se disolvió, como hemos visto, en la nada. Las distintas etnias que lo formaban se dispersaron y cada una siguió su camino. Muchos de sus soldados aliados, principalmente ostrogodos, terminaron en las filas de los ejércitos romanos.

Así, a la muerte de Atila, los hunos quedaron desunidos, fundiéndose con los germanos y otros pueblos bárbaros. Muchos de ellos retrocedieron a la estepa rusa donde se disgregaron. Algunos clanes serían exterminados por los ejércitos bizantinos del emperador Marciano, otros sobrevivieron al norte del mar Negro en dos hordas rivales.

Volvieron, según dicen, a las estepas y desaparecieron como habían aparecido, súbitamente, para dejar que Europa se reconstruyera y consolidara en paz. Permitiendo asentarse a los germanos en Germania, los francos en la Galia, los godos en Hispania y los anglos en Inglaterra.

El último huno, al menos de renombre, se dijo descendiente
de Atila y luchó con sus mesnadas como mercenario al mando
de Belisario, el general que acabó con los vándalos
y recuperó el Imperio de Occidente para Justiniano.
Este mosaico de San Vital de Rávena representa
a Justiniano con su séquito.

Los hunos se quedaron en la desembocadura del Danubio, sin duda, habiendo aprendido la lección, porque sabemos que muchos de ellos entraron al servicio del Imperio e incluso hay quien dice que el propio Ernak así lo hizo. No lo sabemos, pero sí sabemos que en el año 469, un huno llamado Chelchal se hallaba al servicio de Bizancio bajo las órdenes del mismo *magister militum* que tiempo atrás cortó la cabeza a Dengizek y la envió a Constantinopla, Anagastes. También sabemos que, después de la desaparición de Atila y de sus hijos, se dio genéricamente el nombre de hunos a los nómadas de las estepas de Asia Central, por lo que podemos encontrar soldados hunos a sueldo en el propio ejército del general Belisario, el que terminó con los vándalos ya en tiempos de Justiniano. También sabemos que los ejércitos bizantinos y persas llegaron a incluir un cuerpo de arqueros a caballo similar a las tropas de los hunos. Sabemos también por Jordanes que, en el siglo VI, apareció un tal Munzuc que decía ser descendiente de Atila, algo que nunca se pudo comprobar. Para demostrarlo, se puso al frente de una tropa de hunos y hérulos y ofreció su mesnada a Teodorico y después a Justiniano para luchar contra los persas. Parece que llegó a ser general de renombre y *magister militum* de Iliria, pero que la mala costumbre de luchar sin escudo ni coraza, seguramente para emular a Atila que desnudaba su pecho en el ardor del combate, le costó la vida en una batalla.

Roma nació con un Rómulo, el hermano de Remo, y acabó con otro Rómulo llamado despectivamente Augústulo, el emperador niño hijo de Orestes, secretario romano de Atila. Museo Capitalino de Roma.

Un emperador y un rey

En cuanto a los personajes relevantes que hemos conocido en la corte de Atila, sabemos que Orestes regresó a Roma, donde llegó a tener una posición elevada en el ejército. En el año 475, Orestes se revolvió contra el Imperio y colocó en el trono a su hijo Rómulo Augusto, quien únicamente reinó un año, porque pronto cayó bajo el ataque de los bárbaros y hubo de retirarse a Nápoles. Ese mismo año, Orestes murió en Pavía. A Rómulo Augusto se le llamó despectivamente Rómulo Augústulo y también «el emperador niño». Fue el último emperador romano de Occidente. Roma nació, pues, con un Rómulo y murió con otro.

De Edeco sabemos que participó en una conspiración contra los ostrogodos, junto a su hijo Hunoulfo, siendo derrotados en Panonia. Esto sucedió hacia el año 469 y no tenemos, al parecer, más noticias de Edeco, aunque sí las hay, y relevantes, de su otro hijo, Odoacro. Odoacro llegó a Italia al frente de una tropa mercenaria de soldados bárbaros y fue precisamente él quien derrocó al último emperador romano, Rómulo Augústulo, siendo elegido rey por una confederación de bárbaros. Así, el último emperador romano del Imperio occidental, hijo del secretario de Atila, perdió el trono a manos del primer rey bárbaro de Roma, hijo de un guardia personal de Atila. Rey, que no emperador, ya dijimos que ningún bárbaro se atrevió con la corona imperial. Era demasiada responsabilidad en una época en la que el Imperio llegó a simbolizar el cuerpo y la Iglesia el alma del mundo occidental.

El último de los romanos

Un año después de la muerte de Atila, en 454, Flavio Aecio se hallaba en el momento cumbre de la fama. Ambicioso, consiguió concertar el matrimonio de su hijo Gaudencio con la princesa Placidia, la hija de Valentiniano III, a la que vimos raptar por Genserico. Y parece que Genserico también se llevó consigo a Gaudencio tras el saqueo de Roma, en cuyo caso, los dos jóvenes ya habrían compartido un secuestro.

El emperador se disgustó al pensar que su hija pudiera casarse con un plebeyo, lo que algunos cortesanos envidiosos de la posición de Aecio aprovecharon para susurrar en el oído imperial que el *magister militum* pensaba asesinarlo tras la boda, para convertir a Gaudencio en emperador. Valentiniano III se dejó atrapar por esta intriga palaciega y, en un viaje que hizo a Roma, llamó a Aecio para que acudiese a su presencia solo, sin escolta alguna. Entonces, el emperador sacó repentinamente su espada y se la clavó. Otros cortesanos, que esperaban el momento, remataron la faena. No parece que el débil y pusilánime Valentiniano III fuera capaz de atravesar con su espada a un hombre y menos a un hombre como Aecio. Lo que sí es notorio es que le asesinó o le mandó asesinar después de la muerte de Atila. Según Sidonio Apolinar, quien realmente mató a Aecio no fue el emperador, sino un tal Placidio, «un hombre medio idiota» (fuente: http://inter-classica.um.es).

Como vemos, la historia de Estilicón se repitió en Aecio, aunque Estilicón cayó antes que Alarico y no tuvo ocasión de derrotarle ni de defender Roma del rey godo. Las intrigas fueron más fuertes que dos grandes militares que habían prestado enormes servicios al Imperio y, lo que es peor, que podrían haber seguido prestando servicios impagables en unos momentos en los que lo que menos le sobraban a Roma eran generales de valía.

Así terminó la brillante carrera militar del «último de los romanos». Se le había dado ese título a raíz de su espléndida victoria contra los hunos de Atila en los Campos Cataláunicos. O puede que se le concediera después de morir, porque ya dijo Procopio que, con la muerte de Aecio, el reino cayó y ya no se levantó más.

Hay, sin embargo, algunos motivos importantes para el asesinato del «último de los romanos». En primer lugar, se puede considerar el enorme poder que alcanzó en los últimos tiempos, lo que siempre ha hecho saltar la envidia de los iguales y el temor de los superiores. Sin embargo, objetivamente, parece que Roma encontró algunas actuaciones que reprocharle, entre ellas, el haber permitido a Atila escapar tras la derrota de los Campos Cataláunicos.

Epílogo

En su libro *Atila. El fin del mundo vendrá del este*, William Napier pone en boca de un Prisco de Panio nonagenario el epílogo de la historia de Atila.

Cuenta haber conocido esclavos y soldados, rameras y ladrones, santos y hechiceros, emperadores y reyes. Dice haber conocido a una mujer que dominó el mundo romano, primero por medio de su hermano imbécil y, más tarde, a través de su hijo imbécil. Sin duda, habla de Gala Placidia, que gobernó Roma en tiempos de su hermano Honorio y, después, de su hijo Valentiniano III.

Dice haber conocido a la hermosa hija de un emperador, que se ofreció en matrimonio a un rey bárbaro. Ahora no sabemos si se trata de Honoria, hija del emperador Constancio, que se ofreció en matrimonio a Atila, o si se trata de su sobrina Eudoxia, hija del emperador Valentiniano III, que se ofreció en matrimonio a Genserico. Una historia que se repite y en la que aparece el mismo motivo, librarse de un matrimonio impuesto, y el mismo resultado, el bárbaro a las puertas de Roma reclamando lo que ya considera suyo, princesa y dote.

Dice haber conocido «al último y más noble de todos los romanos, que salvó un imperio ya casi perdido y como premio recibió la muerte por obra de una daga imperial». No hay duda de que aquí encontramos a Flavio Aecio, fuese la propia daga imperial o la de «un medio idiota» con una orden imperial la que acabó con su vida.

Finalmente, el anciano Prisco de William Napier dice haber conocido «al muchacho orgulloso con quien jugaba en su despreocupada infancia, en las vastas y ventosas llanuras de Escitia (a la que hemos llamado Panonia), el amigo de la infancia que en la edad adulta se convirtió en su enemigo más mortal, que cabalgó a la cabeza de medio millón de jinetes, oscureciendo el cielo con su lluvia de flechas y destruyéndolo todo a su paso, como un incendio en el bosque». Tenemos, por fin, a Atila.

Y dice que cuando ambos se enfrentaron en la batalla de los Campos Cataláunicos, ambos salieron perdedores sin apercibirse de ello, porque ambos perdieron lo que más amaban.

Bibliografía

Amiano Marcelino, textos en línea, Biblioteca virtual Cervantes.

Carpentier, J. y Lebrun, F., *Breve historia de Europa*, Alianza Editorial, Madrid, 1994.

Castro Zafra, A., Viajes papales, Historia 16, número 130, Madrid, 1987.

Centro Editor Pda. S.L., *Itinerarios culturales europeos*, EDP Editores, Barcelona, 2007.

Enciclopedia temática CIESA, Compañía Internacional Editora S.A., Barcelona, 1967.

Farrington, K., Atlas histórico de los imperios, Edimat Libros, Madrid, 2006.

Favier, J., Los grandes descubrimientos, Fondo de Cultura Económica, Méjico, 1995.

Gibbon, E., Historia de la decadencia y caída del Imperio romano, Círculo de Lectores, Barcelona, 2001.

Haywood, J., Atlas histórico universal, Círculo de Lectores, Barcelona, 1999.

Hearder, H., Breve historia de Italia, Alianza Editorial, Madrid, 2003.

Investigación y difusión del mundo griego y romano antiguo, Interclassica, Universidad de Murcia, http://interclassica.um.es

Jordanes, *Origen y gestas de los godos*, traducción de José María Sánchez Martín, Ediciones Cátedra, Madrid, 2001.

Louth, P., Germanos y vikingos, Club Internacional del Libro, Madrid, 1985.

Martos, A. y Madrid, C., *Espadas de leyenda*, Club Internacional del Libro, Madrid, 2003

Martos, A., Papisas y teólogas, Editorial Nowtilus, Madrid, 2008.

Pietri, L., Gran historia universal, Editorial Argos Vergara, Barcelona, 1979.

Pijoán, J. y otros, Summa Artis, Espasa Calpe, Madrid, 1964.

Pirenne, J., Historia universal, Editorial Éxito, Barcelona, 1973.

Prisco de Panio, fragmentos de *Historia bizantina.*

*Prisco en la corte de Atila.*Traducción del griego al inglés por J.B. Bury (Prisco, fr. 8 en *Fragmenta historicorum graecorum*), traducción libre del inglés por Ignacio Nachimowicz, Buenos Aires, 2007.

Rodríguez, J.M. y Lago J.I., *Los visigodos*, textos en línea www.historialago.com.

Unesco, *Historia de la humanidad*, 1963.

LE INVITAMOS A LEER OTRAS OBRAS:
PUEDE ESCANEAR LOS CÓDIGOS QR
CON SU SMARTPHONE O TABLETA PARA
LEER UN FRAGMENTO GRATUITO.

www.facebook.com/editorialnowtilus
www.twitter.com/nowtilus
www.instagram.com/edicionesnowtilus

LE INVITAMOS A LEER OTRAS OBRAS:
PUEDE ESCANEAR LOS CÓDIGOS QR
CON SU SMARTPHONE O TABLETA PARA
LEER UN FRAGMENTO GRATUITO.

LE INVITAMOS A LEER OTRAS OBRAS:
PUEDE ESCANEAR LOS CÓDIGOS QR
CON SU SMARTPHONE O TABLETA PARA
LEER UN FRAGMENTO GRATUITO.

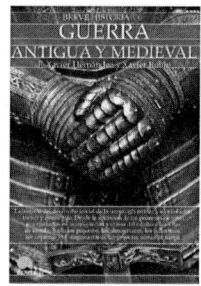

www.facebook.com/editorialnowtilus
www.twitter.com/nowtilus
www.instagram.com/edicionesnowtilus